ali abdaal

feel good

快適な努力で
最高の成果を上げる方法

アリ・アブダール
児島修 訳

TOYOKAN BOOKS

ミミとナニへ――その愛と支え、献身のすべてに

はじめに

「メリー・クリスマス、アリ。誰も死なせないようにね」

病院長はそう言うと、あっさりと電話を切った。そして僕はその日、病棟の患者全員を一人で受け持つことになった。医師資格を取ったばかりの新米医師だった僕は、3週間前に新人にありがちなミスを犯していた。休暇申請フォームに、希望日を記入し忘れていたのだ。その結果、他の医師が全員休暇を取っているクリスマスの日に、この病棟にいる大勢の患者全員をたった一人で担当しなければならなくなったというわけだ。

案の定、その日の仕事は最初から大変だった。そして、状況は雪だるま式に悪化していった。病院に到着するとすぐに、患者の病歴や診断報告書、当直の放射線科医よりも熟練の考古学者のほうが理解できそうな、暗号みたいに読みにくいスキャンのリクエスト書類が雪崩のように押し寄せてきた。数分後には、その日最初の緊急事態に直面した。50代の男性が重度の心停止で倒れたのだ。直後に看護師から、緊急の「用手排便」（知っている人なら、それがどんなに大変な作業かがわかるはずだ）が必要な患者がいると告げられた。

午前10時半、病棟を見て回った。血相を変えた看護師のジャニスが、点滴器具やカルテを両腕いっぱいに抱えてA廊下を駆け回っている。B廊下では、頑固な高齢の患者が「入れ歯が外れた！」と大声でわめいている。C廊下では、救急科から抜け出してきた酔っ払いの患者が、「オリーブ！　オリーブ！」と叫びながらうろついている（僕にはオリーブが誰なのか、さっぱりわからなかった）。1分ごとに何かを要求された。「アリ先生、ジョンソンさんが熱を出しています！」「アリ先生、シンさんのカリウム値が上がっています！」

僕はすぐにパニックに陥った。医学部では、このような事態にどう対処すべきかを教えてくれない。僕は優秀な学生だった。学生時代は、苦しい状況に追い込まれても、「もっと頑張る」という単純な対処策で乗り越えてきた。7年前に医学部に入学し、学術雑誌に何本も論文が掲載され、学業の傍らで起業できたのも、すべてそのおかげだ。規律《ディシプリン》は、僕が知っている唯一の生産性システムだった。そして、それはうまくいっていた。

でも、今はうまくいっていなかった。数カ月前に医者として働き始めてからずっと、押し寄せる仕事の波に溺れそうになっていた。夜遅くまで働いても、患者全員の診察や治療はできず、書類仕事も終わらない。精神的にも辛かった。医師になるための勉強や研修は楽しかったのに、現場での仕事はまったく憂鬱なものだった。ヘマをして患者の命を奪ってしまうかもしれないという不安に常につきまとわれ、眠れなくなった。友人付き合いも減り、家族にもめったに連絡しなくなった。それでも、とにかく必死に働き続けた。

そして今、このザマだ。クリスマスの日に、一人で病棟を担当して、仕事をこなせなくなっている。

手が滑って医療品の入ったトレイを落とし、リノリウムの床に薬液や注射器が飛び散ったとき、もう限界だと思った。びしょ濡れになった白衣を絶望的な気分で見下ろしながら、はっきりと悟った――この状況をなんとかしなければならない。そうしなければ、外科医になるという夢は、指の間をすり抜けてしまうだろう。

その夜、ようやく仕事から解放されて帰宅した僕は、聴診器を壁にかけ、ミンスパイをつまみながら、ノートパソコンを開いた。以前の自分はあんなに生産的だったのに、いったいどうしてしまったのだろう？　何か重要なことを忘れてしまったのだろうか？

医学部の1年生だったとき、僕は生産性に取りつかれていた。毎晩遅くまで起きて、パフォーマンスを最適化する秘訣を説く論文やブログ記事、動画を漁り、細かくメモを取っていた。生産性の専門家たちは皆、懸命に努力することが大切だと言っていた。

ボクシングの伝説的な元ヘビー級世界チャンピオン、モハメド・アリの次の言葉が何度も引用されていた――「俺は練習が大嫌いだった。でも、どれだけ辛くても、自分にこう言い聞かせた。〝途中でやめるな。今苦しんで、残りの人生をチャンピオンとして生きろ〟」

クリスマスが終わり、日付が変わってからも、僕は夜更かしして古いノートを読み返し、間違っていたのは以前のような気持ちを忘れてしまったからではないかと考え続けた。昔のように、がむしゃらに努力すべきなのではないか。でも翌日、もっと頑張るぞと決意して職場に戻っても、何も変わらなかった。真夜中まで病棟にいたにもかかわらず――トイレ休憩中にモハメド・アリのセリフを心の中で暗唱したにもかかわらず――仕事をテキパキとは終わらせられなかった。疲れて手際も悪く患者に接していたそのときの僕には、クリスマスシーズンの陽気さなんて微塵もなかった。

とてつもなく大変な1日を終えても、気分は沈んだままだった。どこからともなく、恩師であるバークレイ医師の言葉が浮かんできた。「治療に効果がなければ、診断を疑え」

僕は少しずつ、自分がこれまで信じてきた生産性に関するアドバイスを疑い始めた。その疑念は、徐々に大きくなっていった。成功には本当に苦しみが必要なのだろうか？　そもそも「成功」とは何なのか？　この苦しみはいつまでも耐えられるものなのか？　何かを成し遂げるためには、辛く打ちのめされた気分を味わうのは避けられないのか？　この世に、健康や幸福と引き換えにしてまで手に入れなければならないものなんてあるのだろうか？

2、3カ月かかったが、僕はつまずきながらも結論に辿り着こうとしていた。これまで成功について考えてきたことは、根本的なところで間違っていた。僕はもう、良い医者になるために必死になって努力することはできなかった。がむしゃらに働いても幸せにはなれそうもなかった。

幸せで充実した人生を得るためには、別の道に進むべきだと気づいた。それは、〝絶え間ない不安や不眠に悩まされ、大量のカフェインの力を借りてなんとか自分を奮い立たせるような毎日〟とは無縁の道であるはずだ。

問題の答えがすべてわかったというわけではない。それでも、これまでとは違う物事の進め方が見えてきたのはたしかだった。そのための鍵だと思えたのは、ただがむしゃらに頑張るのではなく、快適に努力するための方法を理解することだった。

まず**自分の幸福感を高め、それを活かして集中力やモチベーションを高める。**僕はこのアプローチを**「フィールグッド・プロダクティビティ」**（良い気分がもたらす生産性の向上）と呼ぶことにした。

フィールグッド・プロダクティビティに秘められた驚くべき力

医学生時代、生産性に取りつかれていた僕は、心理学の学位を取得するためだけに1年長く大学に通った。フィールグッド・プロダクティビティの要素をまとめ始めたとき、以前に被験者として参加した、ある実験のことを思い出した。それはロウソクと一束のマッチ、一箱の画鋲を用いた実験だ。

あなたも、この実験の被験者になったつもりで考えてほしい。この3つのアイテムが目の前にある状況で、「壁のコルクボードにロウソクをくっつけて、火をつけたときにロウが下のテーブ

問い「壁のコルクボードにロウソクをくっつけて、火をつけたときに
ロウが下のテーブルに垂れないようにするにはどうすればいいですか？」

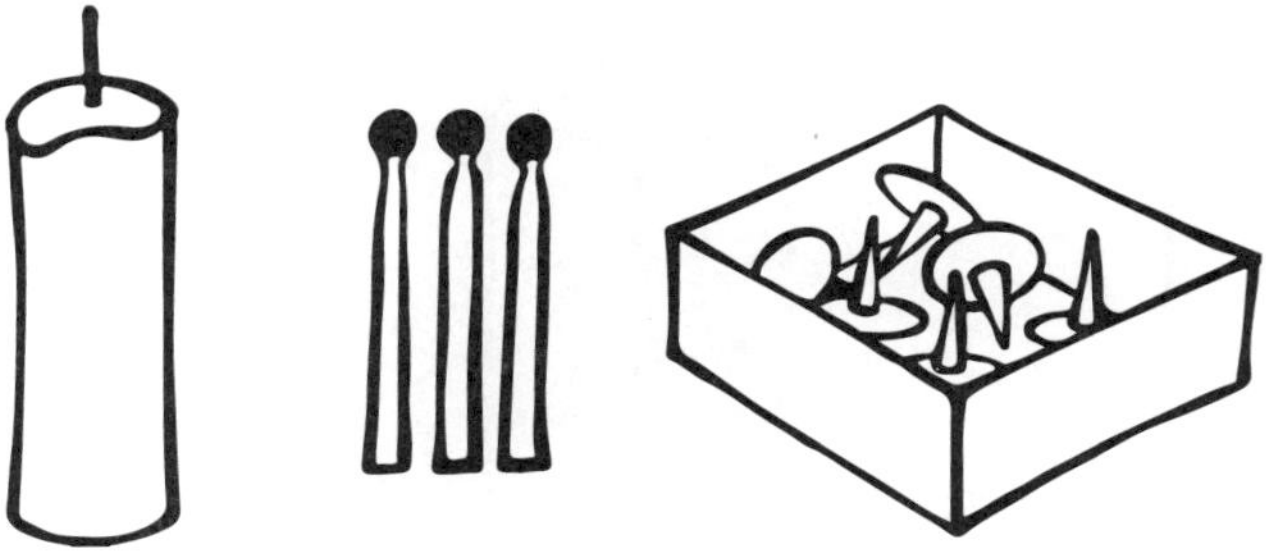

ルに垂れないようにするにはどうすればいいですか？」という課題を与えられたとしたら、どうするだろうか？　3つのアイテムを手のひらでひっくり返しながら、頭を悩ませるのではないだろうか？　どんな解決策を思いつくだろう？

ほとんどの人は、ロウソク、マッチ、画鋲のことしか考えない。だが創造性に富んだ人は、画鋲の箱に目をつける。そう、答えは画鋲の箱を単なる容器としてではなく、〝ロウソク立て〟にすることだ。

これは「ロウソク問題」と呼ばれる、創造的思考を調べるための古典的な認知能力テストである。カール・ドゥンカーによって開発され、彼の死後の1945年に発表されて以来、認知の柔軟性からストレスの心理的影響に至る様々な対象をテストするために、多くの研究で用いられてきた。1970年代後半、心理学者のアリス・アイセンはこのロウソク問題を用いて、気分が人の創造性に及ぼす影響について、後世に大きな影響を及ぼす重要な研究を行っ

答え「画鋲の箱をロウで壁にくっつけてロウソク立てにする」

た。[1]

アイセンはまず、被験者を2つのグループに分けた。一方のグループには、ロウソク問題を解く前に小さなプレゼント（お菓子）を与えた。もう一方のグループには、何も与えなかった。これは、お菓子をもらった人のほうが、問題を解く際に前向きな気分になるはずだという仮説に基づいたものだ。実験の結果、アイセンは興味深いことに気づいた。プレゼントによって気分がわずかに向上した被験者は、ロウソク問題の解決率が大幅に向上していたのだ。

僕が初めてアイセンの実験について知ったのは、大学で心理学の勉強をしていたときだ。面白いとは思ったが、自分の考え方を大きく変えるようなものだとは思わなかった（そもそも僕は、ロウソクを壁にくっつけたいという衝動に駆られたことはない）。けれども、新米医師としてあらためてこの実験のことを考えてみると、非常に興味深いと思えた。それは、良い気分を感じる効用は、それ自体だけではないことを示唆していた。つまり、良い気分は、人の思考や行動パターンまでをも変えるのだ。

僕はこの研究が後に、ポジティブな感情が人の認知プロセスにどう影響するかを探るための多くの研究の礎となったことを知った。それによれば、人はポジティブな気分になると、積極的にいろんな行動を取ろうとし、新しい経験に対してオープンになり、受け取った情報をうまく取り入れられるようになるという。言い換えれば、**良い気分は、僕たちの創造性を――さらには生産性を――高める**のだ。

この仕組みに関する初期の研究者に、幸福についての理解と促進をテーマにする心理学の新興分野「ポジティブ心理学」の第一人者、ノースカロライナ大学チャペルヒル校の教授のバーバラ・フレドリクソンがいる。フレドリクソンは1990年代後半、「ポジティブ感情の拡張―形成理論」を提唱した。[2]

この理論によれば、ポジティブな感情は人の意識を「拡張」し、認知的・社会的な資源を「形成」する。

「拡張」とは、ポジティブな感情がもたらす短期的な効果のことだ。すなわち、人は気分が良いと開放的になり、多くの情報を取り入れ、目の前にある可能性に目を向けやすくなる。ロウソク問題について考えてみよう。お菓子をもらってポジティブな気分になった被験者は、そうでない被験者に比べて、様々な解決策を探ろうとした。

「形成」とは、ポジティブな感情がもたらす長期的な効果のことを指している。ポジティブな感情は、将来に役立つ精神的・感情的な資源を形成する。ここでの資源とは、再起力《レジリエンス》や創造性、問題解決能力、社会的つながり、健康などのことだ。

良い気分が短期的・長期的にもたらすこの拡張と形成のプロセスは、相乗効果を伴いながら、ポジティブさや人間的成長、成功の好循環を生み出していく。

この理論は、ポジティブな感情が僕たちの生活にもたらす役割を理解するための、まったく新しい方法を示唆している。ポジティブな感情とは、何の効果も伴わずにただ現れては消えていくような一時的な感情ではない。それは、人の認知機能や人間関係、心身の健康に不可欠なものだ。**ポジティブな感情は、人間の幸福や成功のエンジンを動かす燃料になる**のだ。

なぜ、フィールグッド・プロダクティビティは効果的なのか

「拡張─形成理論」について学び始めたことで、人生に対する僕の考え方に変化が生じ始めた。それまではずっと、ただがむしゃらに頑張れば自分の望みを叶えられると考えてきた。良い医者になりたいのなら、ひたすらに歯を食いしばって努力をしなければならない、と。

でも、フレドリクソンの理論を学んだことで、違う視点を持つようになった。この理論によれば、ポジティブな感情は脳の働き方を変える。まず、良い気分を味わう。すると、重要な仕事を

たくさんできるようになる。

　でも、その理由は？　疑問は残った。文献を読めば読むほど、その説明は様々であると気づいた。なかには、結論がはっきりしないものもあった。とはいえ、科学者たちはいくつかの答えを見つけ始めていた。

　まず、**気分が良いとエネルギーが高まる**。誰でも、肉体的・生理的なものとは違う種類のエネルギーを感じたことがあるはずだ。つまり、糖質や炭水化物などの栄養ではなく、やる気や集中力、インスピレーションなどメンタルから生じるエネルギーのことだ。たとえば、仕事に没頭しているときや、魅力的な人たちに囲まれているときに漲ってくる力がそうだ。

　このエネルギーには様々な名称がある。心理学では、「感情」や「精神」「動機付け」、神経科学では「熱意」「活力」「エネルギー覚醒」といった言葉と合わせて説明されることが多い。呼び方は違っても、このエネルギーが人の目標達成に必要な集中力や発想、意欲を高めるものであることについては科学者のあいだで合意が得られている。

　では、この不思議なエネルギーの源は何なのだろうか？　簡単に言うと、それは「良い気分《フィールグッド》」だ。ポジティブな感情は、エンドルフィン、セロトニン、ドーパミン、オキシトシンという4種類のホルモンと結びついている。[3]　これらは「快感ホルモン」とも呼ばれ、人が何かを成し遂げるのを助ける働きをしている。エンドルフィンは運動やストレス、痛みによって放出され、幸福感をもたらし、不快感を和らげ、エネルギーや意欲を高めるホルモンだ。セロトニンは気分調整、

快感ホルモンは好循環の起点になる

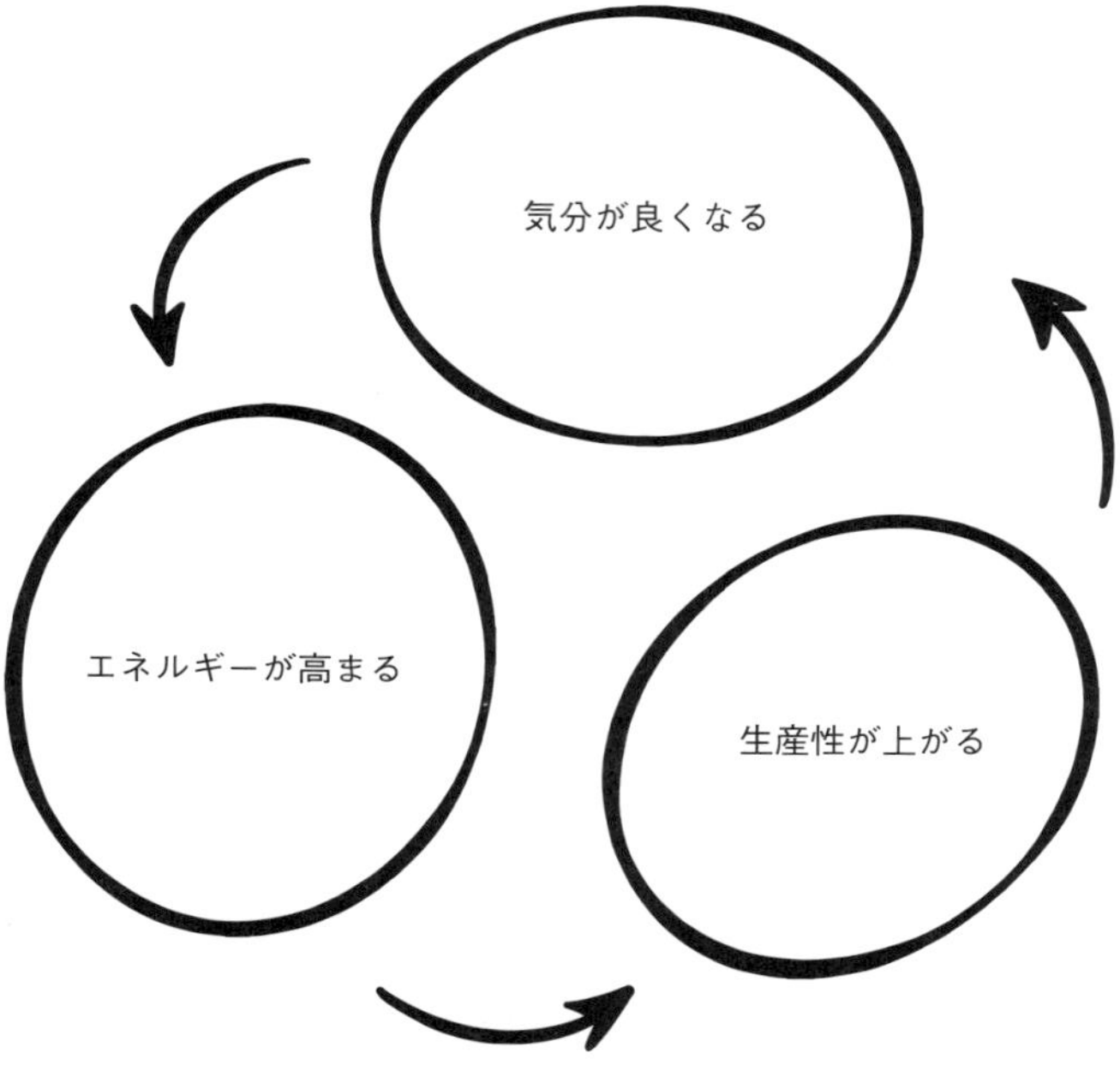

睡眠、食欲、全般的な幸福感に関連していて、仕事に効率的に取り組む活力を与えてくれる。「報酬ホルモン」として知られるドーパミンは意欲や快感に関連していて、満足感や集中力を保つ作用がある。オキシトシンは「愛情ホルモン」とも呼ばれ、絆や信頼、人間関係の構築に関連し、円滑なコミュニケーションや気分の高揚をもたらし、ひいては生産性を高める。

これらの快感ホルモンは、好循環の起点になる。つまり、良い気分はエネルギーを高め、生産性を上げる。生産性が上がると達成感につながり、それは再び良い気分をもたらすのだ。

また、**良い気分はストレスを軽減する**。バーバラ・フレドリクソンは、「拡張─形成理論」に加えて、心理学で「解消仮説」と呼ばれるものも提唱している。

フレドリクソンらは、「ネガティブな感情がアドレナリンやコルチゾールといったストレスホルモンの分泌を引き起こす」ことを示す、数十年にわたる研究に興味を持った。[4] ネガティブな感情によってストレスホルモンが分泌されるのは、短期的には問題ではない。それは人を危険な状況から逃れさせようとするメカニズムであるからだ。しかし、このようなネガティブな感覚を頻繁に経験していると、絶えず不安にさいなまれるようになってしまう。ストレスホルモンの分泌が常態化すると、心疾患や高血圧の発症リスクが高まるなど、健康が損なわれることさえある。

これは望ましいことではない。

フレドリクソンは、ネガティブな感情が生理的に有害な影響を及ぼすのであれば、ポジティブな感情には逆の効果があるのではないか、つまり「**良い気分になることで神経系が〝リセット〟され、身体がリラックスした状態になるのではないか**」と考えた。

そしてこれを検証するために、少しばかり意地悪な実験を考案した。まず、被験者全員に「今から1分後、人前でスピーチをしてもらいます。スピーチの様子は映像に撮影し、後で他の被験者が評価します」と伝える。誰でも、人前で話すことには強い不安を感じる。それを知っていたフレドリクソンは、「これからスピーチをしてもらう」と告げられた被験者の不安やストレスのレベルが高まるだろうという仮説を立てた。実際、その通りになった。被験者は不安を感じ、心拍数と血圧が上昇した。

次に、被験者は4つの映像のうち1つを見るよう無作為に割り当てられた。そのうち2つは穏やかでポジティブな感情を呼び起こす映像、1つは中立的な映像、1つは悲しい映像だった。映像を見せた後、被験者がストレスから回復するまでにかかった時間を測定した。

その結果は興味深いものだった。ポジティブな感情を呼び起こす映像を見た被験者は、心拍数や血圧が元の状態に戻るまでの時間が有意に短かった。一方、悲しみを呼び起こす映像を見た人たちは、元の状態に戻るまでに他のグループよりも長い時間を要した。

これが「解消仮説」だ。つまり、ポジティブな感情には、ストレスやネガティブな感情の影響を打ち消し、元に戻す働きがある。だから、ストレスが問題なのであれば、気分を良くすることが解決策になるかもしれないと考えられる。

しかし、フィールグッド・プロダクティビティがもたらす最大の変化は、あるタスクやプロジェクトをうまく達成できるということをはるかに超えている。それは、**良い気分は人生を豊かにする**というものだ。

2005年、ある心理学者のチームが、幸福と成功の複雑な関係に関する大量の文献を細かく分析した。[5] 対象になったのは、27万5000人以上のデータを含む225件の論文だ。研究チームが調べようとしていたのは、「世間一般で言われるように、成功は人を幸せにするのか、それ

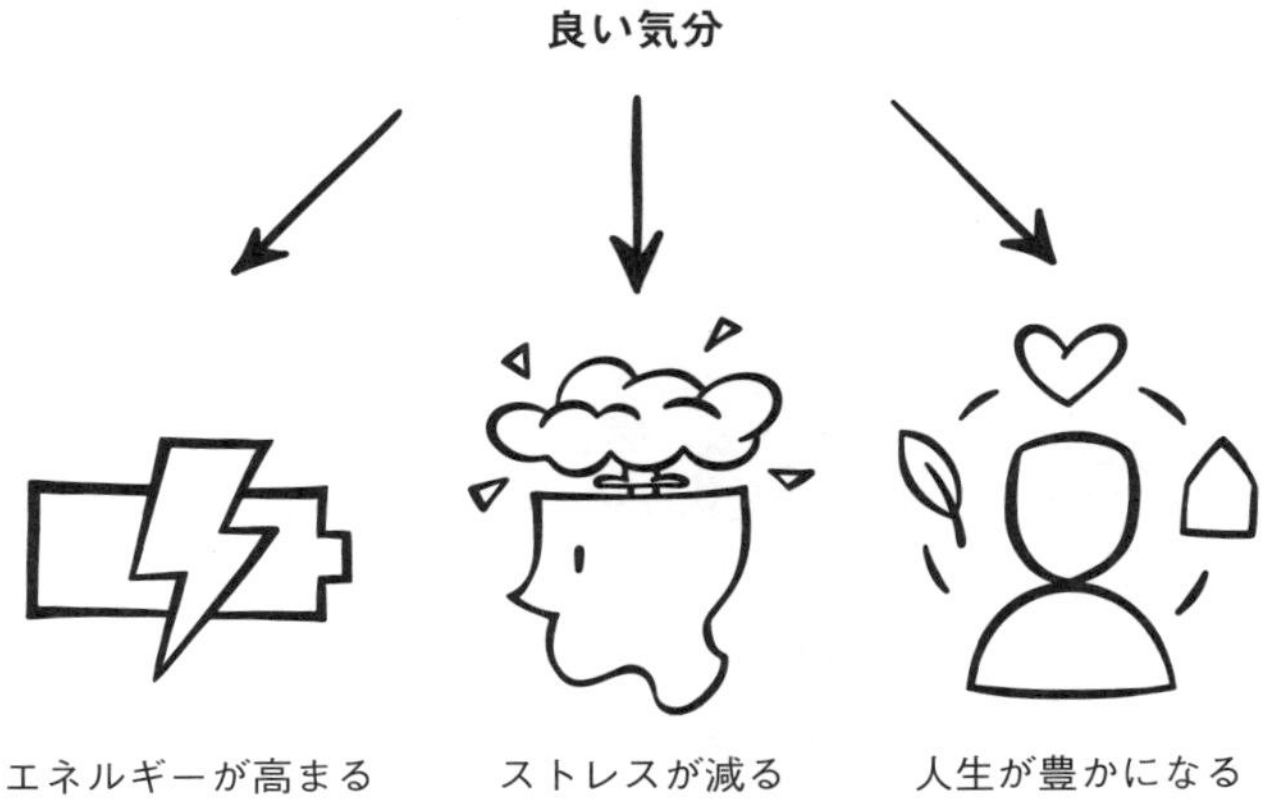

とも幸せな人が成功するのか?」という問いの答えだった。

分析の結果、人々が幸せを誤解していることの確かな証拠が示された。**ポジティブな感情を頻繁に経験する人は、社交的で楽観的で創造的であるばかりか、多くを達成する**ことがわかったのだ。

このような人たちは、周りに良い影響をもたらし、充実した人間関係を楽しみ、収入が高く、仕事でも能力を発揮していた。職場でポジティブな感情を育んでいる人は、問題解決能力や計画性、創造的思考に優れ、失敗から立ち直る力が強く、積極的に行動する。ストレスも少なく、上司からの評価も良く、組織への忠誠心も高かった。

つまり、**人は成功するから気分が良くなるのではない。気分が良いから成功する**のだ。

本書の使い方

僕は新米医師としての苦難の時を過ごしていたときから数年間をかけて、こうした発見をしていった。

終わりのないシフトをこなしながら、僕は患者を診る合間のわずかな休憩時間を使って、生産性について探求し続けた。

こうした勉強によって得られた基本的な知識だけでも、仕事についての考え方を根本から変えるには十分だった。眉間に皺を寄せてひたすらに頑張るのではなく、気分良く仕事をしようと考えるようになってから、恐ろしかったシフトが次第に楽になり始め、気分も上向いてきた。

フィールグッド・プロダクティビティのことを意識するようになって数カ月経った頃、ある高齢患者を診察したときのことをよく覚えている。「ねえ、先生」と彼女は言った。「この病院で、毎日笑顔でいるお医者さんを見たのは初めてよ」

こうした新たな視点は、僕の医師としてのあり方だけではなく、人生の方向性を大きく変えた。僕は何年かぶりに、初めて仕事以外の、友人や家族、趣味などに目を向けられるようになった。そして、この発見を誰かに伝えたいと思うようになった。その数年前からユーチューブチャンネルを運営していて、勉強のコツやテクノロジー製品のレビュー動画などを投稿していた。そこでこのチャンネルを通じて、心理学や神経科学から学んだ実践的な知識を紹介することにした。自分を実験台にして、学んだ知識や効果がありそうな方法をかたっぱしから試しては、その結果をシェアしていった。

「歯を食いしばって頑張らなくても成功は得られる」という僕の大胆な主張は支持され、視聴者からのメールも増え始めた。高校生からは「試験に合格した」、経営者からは「収入が倍になった」、子育て中の人からは「仕事と家庭をうまく両立できるようになった」という嬉しい報告があった。どれも、僕がユーチューブで紹介した方法を応用した結果だ。経験豊富なプロフェッショナルでさえ、僕の動画を見て、新鮮な活力やモチベーション、新たな方向性を見出していた。

それは僕自身も同じだった。研究結果について学べば学ぶほど、僕の考えは深まっていった。最終的には、そうして学んだ原理や方法に従うことで、医学の道から離れて、何か新しいことを追求したいと思うようになった。

そのとき、僕はこの本を書かなければならないと思った。それは「どんな犠牲を払ってでもさらに多くの仕事をこなすための生産性向上システム」ではなく、**「自分にとって大切なことを、もっと多くするための方法」**がテーマの本だ。自分自身について、自分が好きなことについて、本当にやる気が出ることは何かを深く理解するのに役立つ本だ。

フィールグッド・プロダクティビティは、3つの要素から成り立っている。本書も、それに合わせて3部構成とした。第1部では、科学的な研究結果に基づいて、**エネルギーを高める方法**を説明する。ポジティブな感情を支える3つの「エネルギー源」(遊び心、コントロール感、良い人間関係)について解説し、それらを日常生活に取り入れる方法を紹介する。

第2部では、フィールグッド・プロダクティビティが**「先延ばし」を克服するのにどう役立つか**を見ていく。僕たちの気分を妨げる3つの「ブロッカー」(不確実性、恐怖、心理的慣性)と、それらを克服する方法を説明する。これらのブロッカーを取り除けば、先延ばしが克服できるだけでなく、気分も良くなる。

第3部では、フィールグッド・プロダクティビティが**長期的にどのような良い影響をもたらすか**について見ていく。燃え尽き症候群の3タイプ(頑張りすぎ型、休み下手型、目的喪失型)について説明し、それを乗り越えるために活用できる3つのシンプルな「持続力」(エネルギー節約、充電、価値観と行動の一致)を紹介する。これらは数カ月や数年といった長期的な単位で僕たちの気分を良くするのに役立つ。

どの章にも実用的なヒントが満載だ。とはいえこの本の目的は、読者に大量のToDoリストを提示することではない。この本の真の目的は、生産性に関する新しい「考え方」を示すことだ。この基本的な考え方さえ身につければ、誰でも自分自身の人生にそれを応用できる。僕の願いは、この本を読み終えたあなたに、「生産性の科学者」になってもらうことだ。自分の気分を良くし、多くを成し遂げるのに何が役立つのかを探りながら、自分に合った方法を見つけ、合わないものは捨てていってほしい。そのために、各章では生産性を新たな視点で捉えるためのシンプルかつ科学的な裏付けのある3つのアイデアについて説明し、また読者が日常生活で実践できる6つの「実験」を紹介していく。これらがあなたの生産性を高めることになれば、それは喜ばしいことだ。うまくいかなかったとしても、それは有益な発見になる。それでも、この本を読み終える頃には、自分の仕事や人間関係、人生にフィールグッド・プロダクティビティを応用するための道具を手に入れているはずだ。

僕にとってそうだったように、この本で示す方法が読者にとってもうまくいくことを願っている。フィールグッド・プロダクティビティの科学にのめり込んで以来、僕が得た学びを1つだけ挙げるとすれば、それは〝**この科学は人生のあらゆる領域に応用できる**〟ということだ。フィールグッド・プロダクティビティは、難しい仕事を魅力的な課題に変える。仲間とのつながりも深まる。日々の暮らしに張りや生きがいが生まれる。

何をすれば自分の気分が良くなるのかを理解し、それを応用することで、仕事のやり方が変わる。さらに、それは人生を変えるものになる。

フィールグッド・プロダクティビティは実にシンプルに実践できる。にもかかわらず、それはすべてを変える。もしあなたが水の中にいて、思うように身動きが取れないと感じているのなら、その状況にいつまでも甘んじている必要はない。泳ぎ方を学べばいいのだ。

では、さっそく始めよう。

目次

第1部

エネルギーを高める

第1章 「遊び心」を持つ

書類上では、リチャード・ファインマン教授の経歴は何もかもが完璧に見えた。[6] わずか27歳にして世界屈指の物理学者と評価され、原子力の活用法に関する研究の第一人者と見なされ、ニューヨーク州北部のコーネル大学の教授に任命されていた。

けれども1つだけ問題があった。それは、物理学に飽きていたことだ。

この問題は1940年代半ばに始まっていた。机に向かって物理学の問題を考えようとする度に、徒労感を覚えた。そのきっかけは、アメリカが第二次世界大戦の終戦を迎える数カ月前の1945年6月に、妻のアーラインが結核で亡くなったことだった。彼女の死後、ファインマンの人生から喜びはすべて消え去ってしまった。博士課程の学生だった頃に胸を躍らせていたアイデアも、退屈で取るに足らないものに感じられた。教えるのは得意だったが、それもつまらなく面倒に感じた。「当時の私は、燃え尽きてしまっていた」とファインマンは後に回想している。

「図書館に通い詰めて、『アラビアンナイト』を読みふけっていた。でも、いざ研究をしようとすると、どうしても仕事に取り掛かれなかった。興味が湧いてこなかった」

何もしないでいるのは簡単だった。学部生に教えるのは好きだった。図書館で本を読んだり、キャンパスを歩き回ったりもした。だが、どうしても研究をする気になれなかった。そのほうが楽だとも思った。1940年代後半、ファインマンはまったく物理学の研究をしない物理学教授でいることに、安寧を覚えるようになっていた。

しかしある日、すべてが変わった。物理学への興味を失ってから数年後、大学のカフェテリアにいたときのことだ。向かいには学生の集団が座っていた。そのうちの1人が、皿を何度も真上に投げて遊んでいる。ファインマンは奇妙なことに気づいた。皿は宙に浮いているあいだ、揺れていた。だが、皿に刻まれたコーネル大学のロゴは、皿自体よりも速く揺れているように見えたのだ。

不思議だと思った。だが、それはノーベル賞に値するような問題だとは感じられなかった。何しろ、ファインマンは核分裂の仕組みの解明に貢献した人物だ。空中に浮かぶ食器の特性を理論化することに労力をかけるような科学者ではなかったはずだ。しかし、この一瞬の好奇心がファインマンの心にひらめきを呼び起こした。彼はそもそもなぜ自分が物理学に興味を惹かれたのかを振り返り始めた。「昔は物理学が楽しかった」と彼は後に回想している。

「なぜ楽しかったのか？　私は物理学で遊んでいた。核物理学の発展にとって重要かどうかなど関係なく、自分にとって面白くて愉快なことに興味を持っていた。だからこそ、物理学が無性に楽しかったのだ」

カフェテリアを出た後、ファインマンは10代の頃に世界をどんなふうに見ていたかを思い出していた。高校生の頃は、誰も興味を持たないようなことに強く好奇心をそそられた。たとえば、水が蛇口から遠ざかるほど細くなっていくのを見て、その理由を解明したいと考えた。「それは私がやらなくてもよいことだった。科学の未来にとって重要ではなかった。他の科学者がすでに答えを出していたからだ。でも、そんなことはどうでもよかった。私は自分の楽しみのために何かを発明したり、遊んだりしていた」

もしかしたら、当時のような感覚に立ち返ることが、物理学に再び喜びを見出す鍵なのかもしれない――。ファインマンは考えた。仕事としてではなく、遊ぶためのゲームとして物理学に取り組んでみてはどうだろう？　「この新しい考え方に従ってみよう」――そう彼は決心した。「純粋な楽しみのためだけに『アラビアンナイト』を読んだように」

すべては揺れる一枚の皿から始まった。それから数週間、ファインマンは皿が空中をどう移動するかを説明する方程式をつくる作業に没頭した。困惑した同僚たちから理由を尋ねられると、「たいした理由なんてないさ」と事もなげに答えた。「ただ面白いからやっているだけさ」

しかし、揺れる皿にのめり込むほど、それは面白く感じられるようになっていった。次第に、回転する皿の揺らぎは、原子内の電子の揺らぎに似ているのではないかと考え始めた。あるいはこれは、量子電磁力学の働きかもしれない。「いつの間にか（それはとても短い期間だった）、私は〝遊んで〟いた。そして実際には、仕事をしていた。若い頃に夢中になったのと同じ問題を解こうとしていた」。だがこのときは、物理学の研究という〝仕事をする〟ことで、心が燃え尽きたりはしなかった。

ファインマンが皿の回転に興味を持ったことは、やがてノーベル物理学賞につながる発見となっていく。この皿の動きを説明するためのモデルは、光と微小粒子が量子レベルでどう相互作用するかを説明する量子電磁力学の理解に役立った。それを視覚化するには、高速で回転する皿をイメージするのが効果的だと彼は述べている。

遊びを通じて大きな発見をしたのはファインマンだけではない。僕の知る限り、少なくとも6人のノーベル賞受賞者が、自身の成功は遊びによってもたらされたと考えている。1950年代にDNAの構造を発見したジェームズ・ワトソンとフランシス・クリックは、この構造を考え出すのに用いた生成プロセスを「分子モデルをつくって、遊ぶこと」と表現している。抗生物質のペニシリンを発見した科学者アレクサンダー・フレミングも、自分の仕事を「微生物と遊ぶこと」と表現している。[7] 2018年にノーベル物理学賞を受賞したドナ・ストリックランドは、自身のキャリアを「高強度レーザーと遊ぶこと」と述べているし、[8] グラフェン〔炭素の新素材〕の発見に貢献したとして2010年にノーベル物理学賞を受賞したコンスタンチン・ノボセロフは、「ノーベル賞は、取ろうしても取れない。私たちの仕事の仕方は、実際には遊びに近い」と回想している。

遊びを重視するこのアプローチの有効性は、近年の研究によっても裏付けられている。「真の生産性の鍵を握っているのは遊びである」と考える心理学者もますます増えている。その大きな理由は、遊びが心理的な安心感をもたらすからだ。最近のある研究によれば、「遊びの心理的機能は、楽しくてリラックスできる活動に参加することで、肉体的・精神的な疲労を回復させることにある」という。[9]

フィールグッド・プロダクティビティの3つのエネルギー源のうちの1つ目は、「遊び心」だ。**人生はストレスフルだ。だが、遊びは人生を楽しくする。**遊びの精神を日常生活に取り入れられれば、良い気分を味わいやすくなる。そしてその結果、多くを成し遂げられるようになるのだ。

冒険を創造する

生活に遊びを取り入れるのは、口で言うほど簡単ではないかもしれない。大人になると日常生活の中で遊ぶ時間をつくりにくくなるのは、誰でも知っている。

子どもの頃は、毎日が冒険でいっぱいだった。原っぱを隅々まで探検し、ショッピングモールを駆け回り、木に登り、枝にぶら下がる。何かの目標のために努力したり、履歴書を立派なものにしようとしたりすることなんて考えてはいなかった。結果など気にせず、好奇心の赴くままに好きなことを楽しんでいた。でも年を取るにつれて、冒険心は徐々にしぼんでいく。親が特に進歩的な考えをしていない限り、「遊んでばかりいるのをやめて、人生を真剣に考え始めることが、大人になるための第一歩だ」と教えられたのではないだろうか。こうして、人生は冒険に満ちたものから、平凡で予定調和的なものへと変わっていく。

しかし、それは間違いだ。なぜなら研究によって、冒険は遊びに、そしておそらくは幸福にとって、何よりも欠かせない要素であることが明らかにされているからだ。

ニューヨーク大学とマイアミ大学による2020年の実験では、冒険心を持って世界にアプローチすることの効果を定量化するという試みが行われた。[10] まず、130人以上の被験者に、携帯電話のGPSを使って自分の位置を追跡することに同意してもらう。それから数カ月間、研究者らは被験者らにテキストメッセージを送り、今の気分を尋ねた（「嬉しい」「ワクワクしている」「くつろいでいる」などの中から、今の気分に当てはまるものを答えてもらう）。

結果は驚くべきものだった。GPSデータとテキストメッセージへの返信を分析したところ、冒険的な行動が多い人たち、たとえば新しい通勤ルートを試したり、いつもと違うコーヒーショップを開拓したりと、様々な場所に気の向くままに出かけている人たちは、そうでない人たちに比べて、幸福感やワクワクした気持ち、くつろいだ気分を味わっていることが多かった。つまり、**冒険的な要素の多い生活は、ポジティブな感情を引き起こす**のだ。

遊びの可能性を活用するために、日常生活に冒険を取り入れてみよう。だが具体的には、どうすればいいのだろう？　安心してほしい。ショッピングモールの中を駆け回ったり、枝にぶら下がったりしていたときの興奮を、大人になった今でも味わえる方法はある。その第一歩は、自分に合った「キャラクター」になりきることだ。

実験1
好みのキャラクターになりきる

告白しよう。僕は以前、「World of Warcraft（ＷｏＷ：ワールド・オブ・ウォークラフト）」にどっぷりとはまっていた。これはゲームマニアに大人気を博した、有名なオンラインロールプレイングゲームだ。プレイヤーはまず、「ウォーロック」や「戦士」「聖騎士」などのたくさんのキャラクターの中から、好きなものを選ぶ。そして、このゲームの舞台となる惑星アゼロスで繰り広げられるファンタジーの世界を探検する。他のプレイヤーとチームを組んであちこちを飛び回り、悪魔を倒し、武器を手に入れ、最高の時を過ごす。

「ＷｏＷ」は中毒性が高いことでも有名だ。僕は14歳でこのゲームを発見してからの3年間で、延べ４４１６時間（24時間で計算すると１８４日間）もプレイした。平均すると、この3年間で毎日欠かさず3時間、すなわち起きている時間の約2割をこのゲームに費やしたことになる。とんでもない時間だ。

なぜ、僕は「ＷｏＷ」にここまではまってしまったのか？　もちろん、14歳の少年にとって、モンスターを倒したり冒険の旅に出かけたりすることほどエキサイティングなことはない（実際には、大人になってからでも相当に魅力的に思える)。とはいえ、この単純な事実はこのゲームをプレイする最初の数時間の楽しさは説明しているかもしれないが、それから数千時間もプレイを続けてしまうことの理由にはならない。正直に言えば、しばらくするとゲームの設定自体は特に面白いものではなくなってくる。いくら胸躍るような冒険でも、何度も繰り返していれば次第にその設定に飽きてくるからだ。

後で気づいたことだが、僕が「WoW」にここまで夢中になったのは、このゲームの基本的な仕組み自体が特別に面白いからではなかった。このゲームに引き込まれたのは、それをプレイすることが現実逃避になっていたからだった。「WoW」の生き生きとした世界では、プレイヤーは魔法の呪文でゾンビの大群を倒したり、手なずけたドラゴンの背中に乗って飛び回ったりできる。何より、そこでは好きなキャラクターに扮することができる。「WoW」をしているあいだ、僕はスポーツが苦手で自分に自信のない、ちょっとオタクっぽい中学生のアリ・アブダールでいなくてもいい。そこでは僕はいつも、背が高くてハンサムなブラッドエルフ・ウォーロックであり、紫のローブをなびかせ、悪魔の軍団を従えているキャラクター、セファロスだった。

人は遊んでいるとき、ゲームのキャラクターに扮したり、友人と架空の場面を演じたりと、様々な役割や人格を演じられる。何らかのキャラクターになりきるとき、僕たちは自分の内側にある様々な側面を表現でき、その経験をもっと楽しいものに変えられる。**別の人格になりきることで、冒険が始まる**のだ。

これはそれほど突飛なことではない。「キャラクター」を選ぶことは、一夜にして性格を変えること（あるいは、同僚の前で「ＷｏＷ」のキャラクター、ゴブリンになりきること）ではない。自分にとって一番しっくりくる遊びのタイプを見極めて、それを体現するプレイヤーを選ぶことなのだ。

臨床心理学者のスチュアート・ブラウンは、そのキャリアの大半を遊びの研究に費やしてきた。[11] 遊びが患者に及ぼす変容の効果を目の当たりにしたことをきっかけに遊びの効用についての研究を始めたブラウンは、やがて「National Institute for Play（国立遊び研究所）」を設立し、カリフォルニア大学サンディエゴ校の精神医学の教授になった。この間、芸術家からトラック運転手、ノーベル賞受賞者まで、多種多様な職業の５０００人以上の人々に、遊びとは何かについて話を聞いた。

ブラウンはインタビューの過程で、誰もが１つか２つのタイプのキャラクターに扮する遊びをする傾向があることに気づいた。自分に最もふさわしいと思えるキャラクターになりきることで、人は冒険心を解放する「遊び《プレイ》のパーソナリティー」を持てるようになるのだ。[12] ブラウンはその研究を通じて、それを８つのタイプに分類している（次ページの図を参照）。

これが、遊び心に満ちた冒険心を持って仕事や人生に取り組むための第一歩だ。８つのキャラクターの中で、自分が最も共感できるものになりきって、仕事に取り組んでみよう。「語り部」タイプの人は、退屈な仕事（無味乾燥で、用件だけを伝えるメールを書く）に遊び心を加えてみよう（メールの内容を、起承転結のある物語風の文章にしてみる）。「芸術家」タイプの人は、平凡な仕事（退屈

8つの「遊びのパーソナリティー」

収集家

競技者

探検家

芸術家

語り部

道化師

監督

体操選手／アスリート

1. **収集家**……収集や整理が大好きで、珍しい植物を探したり、倉庫やガレージセールを物色したりといった活動を楽しむ。
2. **競技者**……ゲームやスポーツを楽しみ、ベストを尽くして勝つことに喜びを感じる。
3. **探検家**……当てもなく歩き回り、ハイキングやドライブといった冒険を通じて、見たことのない場所やモノを発見するのを好む。
4. **芸術家**……何かをつくることに喜びを見出し、絵を描く、作曲をする、ガーデニングをするといった活動を毎日何時間もできる。
5. **語り部**……想像力が豊かで、物語をつくることで人を楽しませる。執筆やダンス、演劇、ロールプレイングゲームなどを好む。
6. **道化師**……人を笑わせることに情熱を注ぐ。漫談や、即興、いたずらなどをして相手を楽しませようとする。
7. **監督**……計画し、組織し、人を指導することが好きで、舞台の演出から会社の経営、政治的・社会的活動まで、様々な役割や活動で力を発揮できる。
8. **体操選手／アスリート**……アクロバット、体操、フリーランニングなどの身体活動に遊びを見出す。

な表計算ソフトにデータを入力する）を自己表現の機会に変えてみよう（図表などを多く取り入れた、視覚的にわかりやすい資料にする）。

自分の「遊びのパーソナリティー」が何かを探り、それに扮して行動すれば、子どものような冒険心を取り戻せる。良い気分でいるのが当たり前だった、あの頃の感覚が蘇ってくる。それは消えることなく、僕たちの心の中に眠っている。スチュアート・ブラウンが言うように、「遊びの本質を忘れず、それを日常生活に取り入れることは、充実した人生を送るために不可欠な要素」なのだ。

実験2
好奇心を大切にする

「恐竜（dinosaur）」という言葉の語源は？

全米シングルチャートに最も長くランクインし続けたビートルズの曲は？

アンクル・サム（アメリカ合衆国政府を象徴するキャラクター）が初めてひげを生やした姿として描かれたのは、誰がアメリカの大統領のときだった？

これらは、パブクイズ（イギリスのパブで行われるクイズ大会）で出される意地悪な問題ではない。カリフォルニア大学デービス校神経科学センターの研究者たちが先駆的な実験で用いた19種類の質問のうちの3つだ。[13] 実験では、まず24人の被験者にこれらの質問をし、その後でそれぞれの質問の答えにどれくらい関心があるかを尋ねた（「興味がない」から「とても興味がある」までの尺度で評価してもらう）。その後、被験者にしばらく質問の答えを考えさせる（ちなみに、正解は「恐ろしいトカゲ」「ヘイ・ジュード」「エイブラハム・リンカーン」だ）。

この実験の目的は、好奇心が人の心に及ぼす影響を調べることだった。研究者たちは、〝人は何かに興味を持っているとき、その対象を詳しく記憶するのではないか〟という仮説を立てていた。実際、その通りだった。被験者はつまらないと思った事実よりも、面白いと思った事実を3割も高く思い出していた。

だがおそらくもっと驚くべきは、事実を思い出すときに被験者の脳内で起こっていたことだ。脳スキャンで調べたところ、興味のある内容についての質問をされたときと、そうでないときでは、被験者の神経活動は大きく異なっていた。興味のある内容について質問されたとき、被験者の脳内ではドーパミンが分泌されていた。ドーパミンは、学習や記憶の形成を司る脳の部分を活性化させる快感ホルモンだ。つまり被験者は、好奇心を刺激されることで気分が良くなり、その結果として情報の保持能力が上がったのである。

人生に冒険を取り入れるための2番目の方法は、好奇心を活用することだ。**好奇心には、日常生活を楽しくするだけでなく、集中力を保ちやすくするという効果もある。**作家のウォルター・アイザックソンは、レオナルド・ダ・ヴィンチやスティーブ・ジョブズなど、人類史上最も先駆的な人物の伝記を分析した結果、「何事に対しても好奇心を持つことは、創造性を高めるだけではなく、人生全体を豊かにする」と述べている。[14]

では、好奇心を日常生活に取り入れるには、具体的にはどうすればよいのだろう？　1つの方法は、「サイドクエスト」を探すことだ。『ゼルダの伝説』や『ウィッチャー』『エルデンリング』などのビデオゲームには、何十ものサイドクエストが用意されている。これは、ゲームのメインストーリーには影響しないが、プレイヤーが好奇心の赴くままに探求していける謎や仕掛けのことだ。「この洞窟に入ったらどうなるんだろう？」「このエリアで一番高いところに行ってみたらどうなる？」「この湖の底まで潜ってみたら？」といった具合だ。こうしたゲームで見つけられる最高の秘密は、メインストーリーを追っているだけでは出会うことのない洞窟や森、村に隠されているのかもしれない。

僕は、人生はサイドクエストの連続だと考える。毎日、仕事をしながらカレンダーとその日のＴｏＤｏリストを見て、「今日のサイドクエストは何にしよう？」と自問する。そうすることで、目の前にある「今日やるべきこと」に、いつもとは違った方法で取り組む可能性があることに目を向けられるようになる。たとえばそれは、オフィスを出て近くのコーヒーショップで数時間仕事をすることかもしれない。あるいは、今取り組んでいる問題を解決するために使える新たなソフトウェアを検討することかもしれない。

１日にサイドクエストを加えることで、好奇心や探検、遊び心のための余地が生まれる。そしてサイドクエストを求める過程で、まったく予想もしていなかったような素晴らしい何かを発見するものなのだ。

あらゆる物事に楽しみを見つける

1990年後半の、ある星空の夜のこと。オハイオ州の小さな大学で、若い研究助手が研究室で手のひらにネズミを乗せていた。何か面白いことが起きないかと、乾いた絵筆でネズミの白い腹をそうっと撫でていた。

はじめは何も起こらなかった。しかし突然、ネズミが叫んだ。ただし、苦痛のためではない。ネズミは、笑っているように見えた。

科学者たちは面白がってネズミをくすぐっていたわけではない。遊びが人間の脳に及ぼす生物学的な影響を調べていたのだ。この研究を率いたジャク・パンクセップは、それを「喜びの生物学」と呼んでいた。[15] 当時の科学界では、〝人間にしか感情はない〟という考えが主流だった。感情は、人間特有の複雑な脳の領域である大脳皮質に由来すると考えられていた。しかし、げっ歯類も笑うというパンクセップの発見によって、感情は扁桃体や視床下部など、脳の原始的な領域に由来している——つまり、喜びは原始的なものである——ことが示唆されたのだ。

パンクセップは、ネズミは遊ぶのが大好きだという重要な発見をした。彼は実験の大半を、ネズミが遊んでいるときに発する音の録音に費やした。その音は楽しげであり、「まるで遊び場にいるように聞こえた」という。その理由は？　遊びはドーパミンを分泌するからだ。ネズミはそれによって、良い気分を味わっているのだ。

この研究は、人間が何かをしているときに喜びを見出すのは、大脳の高次で複雑な領域である大脳皮質だけではなく、脳のもっと古くて基本的な領域も関わっているということを示している。遊んでいるネズミの脳内で分泌されたように、快感ホルモンであるドーパミンによって、僕たちも幸せや夢中になる感覚を味わえるのだ。

では、どうすればドーパミンの分泌を促せるのだろう？　その答えは、何がドーパミンを誘発するのかを探ることで突き止められる。ハーバード大学医学部が発表した論文によれば、ドーパミンは「セックスや買い物、オーブンで焼くクッキーの匂い」――すなわち、僕たちが楽しいと感じる活動によって活性化される。[16]

だから、遊びがもたらす革命的な効果を活用するための第二のステップは、あらゆる物事に楽しさを見出そうとすることだ。まずは、僕のケースを紹介しよう。それは、子どもの頃に大好きだった、ロンドンを舞台にしたあるファンタジー映画を観ることから始まる。

実験3
「もしこれが楽しいとしたら？」と考える

新米医師として疲労困憊になる日々を過ごしていた頃、僕は同居人のモリーと一緒に、子どもの頃に好きだった映画『メリー・ポピンズ』を観た。小鳥のアニメーション、きついコックニー訛りのアクセント、1910年当時の女性参政権をもテーマにしたミュージカルの世界に浸ることで、たとえ数時間であっても、辛い現実からの救いがいくらか得られるかもしれないと思ったからだ。

当時、僕は医学関係の資格試験のモチベーションを見つけるのに苦労していた。病院での多忙な仕事を抱えながら、迫り来る期限と難解な学習内容に押しつぶされそうになっていた。勤務を終えた後に教科書を広げるのは、悪夢のように感じられた。

しかし、『メリー・ポピンズ』を見返しているうちに、思いがけないことが起こった。この映画は、単なる〝魔法の力を持った風変わりな乳母《ナニー》の軽妙な物語〟ではなかった——そこには深い真実が隠されていた。この映画に登場する有名な曲に、『お砂糖ひとさじで（A Spoonful of Sugar）』がある。用事をしたくないと文句を言う子どもたちに向かって、メリーが歌う曲だ。僕は子どもの頃に聴いたこの曲の、「スプーン一杯のお砂糖があれば、苦い薬も飲めるのよ。……何とも愉快な方法で」というコーラスの部分くらいしか覚えていなかった。

それから二十数年後、この懐かしくも、記憶から消えていたシーンを観ながら、僕はこの曲がこんなふうに始まるのを聞いた。

どんな仕事にも
必ず楽しい部分があるのよ

楽しさを見つけて指をパチン！
仕事がゲームに早変わり

この歌の残りの部分では、コマドリやミツバチが仕事中に歌うことで、退屈な仕事を楽しくする様子が描かれている（コマドリは「仕事を進める」ために「陽気な曲」を歌っているように見えることがある。ただし残念ながら、鳥類学的にはそれは正しくはないらしい）。

僕はこの考えを自分の人生に当てはめてみることにした。深夜に突然ひらめきを感じて、油性ペンと付箋を手に取り、簡潔な言葉を書いた。**「これが楽しいとしたら、どんなふうになるだろう？」**

僕はその付箋をパソコンのモニターの脇に貼り付け、眠りに落ちた。

翌日、モニターの脇に目をやるまでは、昨晩その付箋を貼ったことを忘れていた。ちょうど仕事から帰ってきて、試験勉強のために生化学経路を復習していたところだった。僕はいつものように、面倒なことをなんとか我慢してやり遂げようといった気分で椅子に腰を下ろした。でもその付箋を見て考えた。「これが楽しいとしたら、どんなふうになるだろう？」

最初の答えはすぐに浮かんだ。音楽を聴きながらすれば、楽しくなるはずだ。そして、『ロード・オブ・ザ・リング』のサウンドトラックをヘッドフォンで聴きながらやると、退屈な生化学経路の暗記が、魔法のように面白くなることに気づいた。この瞬間から、僕にとって音楽は、仕事に遊び心を取り入れるための欠かせない方法になった。

仕事にもこの方法を当てはめるようになった。当時、僕は老年病科に配属されていた。そこの医局は病棟の片隅にある狭くて殺風景な部屋だった。山ほどの仕事を抱えていたある日の午後、僕はこの医局で、「音楽を楽しむ」方法を実践してみた。スピーカーがなかったので、キッチンからボウルを持ってきて、そこにスマホを入れてスピーカー代わりにした。音楽アプリの「Spotify」を立ち上げ、『パイレーツ・オブ・カリビアン』のサウンドトラックを小音量で流しながら仕事をした。その効果はてきめんだった。すごく気分が良くなった。

「これが楽しいとしたら、どんなふうになるだろう?」と自問することは、今では僕の人生の指針になっている。これを実践するのは実に簡単だ。気の進まない仕事を頭に思い浮かべ、もしそれが楽しいとしたら、どんなふうになるだろうかと想像するだけ。今とは違う方法でできないだろうか? 音楽を聴きながらしたり、ユーモアのセンスを加えたり、創造的な方法を用いたりはできないだろうか? 友人と一緒にやるとしたら? 終わったらご褒美を用意するのは?

この面倒な仕事を、少しでも楽しくする方法はないだろうか?

実験4
結果ではなく、過程を楽しむ

20世紀半ばの子ども向け映画を見返さなくても、自分のしていることは楽しめる。それをまさに体現しているのが、これから紹介する、髪を金髪に染めた身長170センチのスペイン人のティーンエイジャーだ。

2021年8月、アルベルト・ヒネス・ロペスは東京オリンピックのスポーツクライミングで初の金メダル獲得者として表彰台に上がった。それまでの数週間、東京の青海《あおみ》アーバンスポーツパークのカラフルな人工壁で鮮やかな離れ業を見せるロペスに、世界中の人々の眼が釘付けになった。とりわけ印象的だったのは、蜘蛛のような動作で素早く壁をよじ登るその圧巻のパフォーマンスだ。ロペスはわずか6・42秒という驚異的なタイムで壁の頂上に到達した。

しかし、ロペスをはじめとする選手たちが目もくらむような速さで壁をよじ登るのを見ていた観衆は、これがかなり珍しい競技であることにも気づいていた。髪を色とりどりに染め、鮮やかな色彩のハーネスを身に付けた選手たちは、陸上選手のようなアスリートというより、自由奔放なボヘミアンを思わせる。何より、皆リラックスしているように見えた。一般的に、スポーツ選手は競技中、他の選手と目を合わせようとはせず、ライバル選手が競技をしているのを緊張した面持ちで眺めているものだ。だがスポーツクライミングの選手は、人工壁の下で他の選手と楽しそうにおしゃべりしたり、うまく登るためのコツを話し合ったりしている。壁に挑んでいるときも、短距離選手やサッカー選手が見せがちな苦悶の表情は浮かべない。むしろ、競技を楽しもうとしているように見える。

クライマーたちは、僕たちがあらゆる物事に楽しみを見つけるための2つ目の方法を教えてくれている。それは、結果ではなく、過程そのものを楽しむことだ。ハンガリー系アメリカ人の心理学者ミハイ・チクセントミハイによれば、クライミングと他の競技（たとえばサッカー）の最大の違いは、クライマーが結果（試合に勝つこと）ではなく過程（壁を登ること）に集中していることだ。「フロー」（特定の活動に完全に没頭して、周りの世界が溶けてしまったように感じる心理状態）研究のパイオニアであるチクセントミハイがこの理論の着想を得たのは、10代の頃に、アルプスでクライマーを観察していたときだった。チクセントミハイは「結果ではなく過程に注目することで、その行為は楽しくなる」と言う。

では、プロセスに集中するにはどうすればいいのだろう？　ロッククライミングのようにそれ自体が楽しい（少なくとも、一部の人にとっては）ものであれば、簡単かもしれない。しかし、もっと退屈で、時には不快にすら感じる行為をする場合は？

実は、過程に集中することがもたらす効果がさらに強力になるのは、むしろこうした退屈な状況においてだ。**ちょっとした創造的な工夫をするだけで、どんなに退屈に見える行為の中にも、喜びを見出せるようになる**からだ。

今日、ストーリーテラーの世界的な名手として知られるベストセラー作家、マシュー・ディックスのエピソードを見てみよう。デビュー作が刊行される数年前、ディックスはマクドナルドで働いていた。その仕事は苦痛だった。「それは終わりのない日々だった」と彼は回想している。「同じことの繰り返しさ。注文を取り、ハンバーガーをひっくり返し、フライドポテトを手渡す。

興奮も刺激も挑戦もない」

そこでディックスは、仕事の結果（腹が立つほどに少ない給料）ではなく、その過程に楽しみを見出そうとした。試しにやってみたのは、昔ながらの方法だ。客に、抱き合わせ商品を売り込むこと。これを、ゲーム感覚で楽しむことにしたのだ。「たとえば、ある日はバーベキューソースを売り込むと決める。そして注文を受ける度に、セールストークをするんだ。ビッグマックとフライドポテトを注文した客に、『一緒にソースはいかがですか？』と尋ねる。要らないと言われたら、笑顔で『バーベキューソースをおすすめしますよ。最高に美味しいです』と言う。客はたいてい少し驚き、「じゃあ、それも」と言ってくれる。それでもまだ食いつきが悪ければ、『かしこまりました。でも、このチャンスを逃すのはもったいないですよ。先ほどのお客様も最初は渋っていましたが、実際にソースを味わってみると、注文してよかったと喜んでいました』と伝えるんだ」

ディックスによれば、日常生活におけるこの小さな変化の影響は予想外に大きかったという。彼の言葉を借りれば、それは「客の1日を少しでも良くするだけで、辛い日々を送っていた自分も元気になれる」ものになった。客にどれだけバーベキューソースを試してもらえるかが楽しみで、シフトが待ち遠しくなった。

仕事そのものは特に楽しいものではなかった。けれども、ディックスはそれを面白くする方法を編み出した。そうすることで、退屈な状況の中に喜びを見つけたのだ。

ハードルを下げる

冒険や楽しみが僕たちの遊び心を促すのなら、それを同じくらいの強力さで損なうものがある――それは、ストレスだ。そのことを説明するために、この章の冒頭に登場した不幸な実験対象、ネズミにもう一度目を向けてみよう。

悲しいかな、これらのネズミは、前述した〝ブラシでくすぐられたネズミ〟よりも楽しくない午後を過ごすことになる。この実験では、コロンビア大学の科学者たちは、様々な発達段階にある数十匹のネズミたちを上から網で押さえつけて自由に動けないようにし、そのまま30分間放置した。[17]

当然ながら、これはかなりのストレスになった。網で身動きが取れなくなる前、ネズミたちはじゃれ合ったり、首元を触り合ったりしていた。だが網を外した後、ネズミはこうした遊びをしなくなり、ただ寄り集まるようになった（幸い、このストレスフルな体験をした1時間後には、遊び行動は元の状態に戻った）。

ヒトを対象とした実験（幸運にも、動物を対象とした実験ほど過酷なものではない）でも、同様の結果が得られている。子どもは、快適で、何かに脅かされることのない環境にいるときに遊びやすくなる。[18] また、職場で働く大人を対象とした研究でも、リラックスした気分が遊びを促し、創造性や幸福感を高めることがわかっている。[19]

こうした多数の研究は、誰もが直感的に知っていることを証明している。つまり、**ストレスを感じると、人は遊び心を失う。**そして、創造性や生産性、幸福感も損なわれてしまうということだ。

これらはすべてが、本章で紹介する遊び心についての最後のヒントになっている。遊びを促すには、冒険や楽しみを見つけるだけでは十分ではない。リスクを下げ、リラックスできる環境をつくる努力も必要なのだ。そのための第一歩は、失敗に対する見方を変えることだ。

実験5
失敗の見方を変える

2016年、NASAで訓練を受けたマーク・ローバーというエンジニアが、〝新しいコンピュータの課題に挑戦する〟という名目の実験のために、オンラインで5万人の被験者を募った。[20]ローバーは被験者に、「この企画の趣旨は、誰でもプログラミングを学べることを証明すること」だと伝えた。被験者に与えられたのは、難易度の高くないプログラミングの課題だった。

しかし実際には、この実験はローバーが説明したよりも複雑なものだった。具体的には、被験者が失敗をしたときに、重要な違いが生じるような仕組みになっていた。被験者の半分（グループ1）には、正しく実行できないコードを書いたときに、「コードの実行に失敗しました。もう一度やり直してください」というエラーメッセージが表示される。もう半分の被験者（グループ

2）には、「コードの実行に失敗しました。あなたは5ポイントを失いました。その結果、195ポイントにポイントが減りました。もう一度やり直してください」という、グループ1に対してのものとはわずかに異なるメッセージが表示される。それ以外の条件は、2グループ間ですべて同じだった。

この小さな違いが、驚くべき違いを生んだ。グループ1の被験者は、平均して12回の試行をし、成功率は68％だった。グループ2の被験者は、平均して5回しか試行せず、成功率は52％だった。

僕は、この実験結果を知り驚愕した。プログラミングの課題に失敗すると5点減点されるという、何の意味もないペナルティを与えられただけで、世界中から参加したグループ2の被験者2万5000人は、平均してグループ1の半分以下の回数しか課題に挑戦しようとしなかったのだ。

お察しの通り、ローバーの狙いは被験者にプログラミングを教えることではなく、被験者が失敗をどう捉えているかを探ることだった。彼はこの実験によって、「人はネガティブな結果（たとえそれが無意味なものであっても）に過度に影響され、必要以上に失敗を恐れている」という事実を明らかにしようとしたのだ。

だが、失敗の見方は1つではない。「失敗は成功するために不可避のものであり、楽しいものにすらなり得る」と捉えることもできる。これが、ローバーが考えていたことだった。NASAに9年間勤務し、アップルでプロジェクトデザイナーとして働いた後、科学教育情報を発信するユーチューバーに転向したローバーのこの実験は、彼が職場での実体験を通してすでに気づいていたことを証明するものになった。それは、**「成功するために大事なのは、失敗をどう捉えるかだ」**ということだ。

この実験について語った講演で、ローバーはこう問いかけている。「失敗をそれほど気にしないような学習の仕組みをつくれば、どれだけ多くを学べるだろう？　どれだけ成功の確率を高められるだろう？」。ローバーは、コンピュータプログラムを動作させるには、試行錯誤や失敗、再試行が不可欠だと知っていた。つまりこれらの失敗は実際には失敗ではなく、うまくいく方法を見つけるために必要な、価値ある「データ」なのである。

僕はこの本を執筆しながら、ローバーのこの考えに何度も感銘を受けた。なぜならこの研究は、ストレスを軽減し、遊びを促す環境づくりについての有益なヒントになるからだ。想像してみてほしい。この実験のグループ2の被験者のように失敗したら5ポイントを失うのではなく、失敗すれば5点が得られたとしたら、人生はどうなるだろう？　ミスをしたとき、恥ずかしさを味わうのではなく、周りから温かく応援されるとしたら？　何事も実験と見なし、失敗は成功と同じくらいの価値があると考えていたら、どんなふうに物事に取り組めるだろう？

そう考えると、人生というゲームの見方が少し変わるのではないだろうか？　突然、失敗することのハードルは下がり、遊び心を持つ余地が生まれる。

たとえば、「充実したキャリアを得る」という目標があり、気になる職種があるのなら、そのためのデータ収集プロセスは、インターンシップや職業紹介を通じてその職種で実際に働いてみることになるだろう。「これは実験だ」と考えていれば、インターンシップで苦い経験をしたとしても、「失敗」や「時間の無駄」にはならない。「これは自分が望んでいる職種ではない」ということを知るための価値あるデータになるからだ。

あるいは、「ビジネスを成功させる」という目標があるなら、データ収集プロセスには、様々なビジネスアイデアや製品、サービスを試験的に行ってみることになるだろう。「これは実験だ」と考えていれば、製品が思うように売れなくても、それは失敗にも災難にもならない。戦略を練り直し、ターゲット市場への理解を深めるための貴重なデータを得たことになるからだ。

「有意義な人間関係を築くこと」が目的なら、デートをする、社交的なイベントに参加する、新しい人と関わる、などがデータ収集プロセスになるだろう。「これは実験だ」と考えていれば、2度目にはつながらないデートも、友人関係がうまく続かなくても、失敗ではない。それは、自分の人付き合いの特徴を理解するのに役立つ貴重なデータになるからだ。

どんな失敗もただの失敗ではない。それは、新しいことに挑戦するための招待状なのだ。

実験6
深刻にならず、真摯になる

失敗をデータとして捉え直せば、遊び心を持つことの邪魔になるストレスを取り除きやすくなる。しかし、それと同じくらい強力な、最後の方法がある。それは、僕が世界一らしくない仏教の指導者から学んだ方法だ。

アラン・ワッツは、イングランド南部の平凡な郊外地区ケント州チズルハーストで生まれた。銀行員や弁護士になるような人生を歩むはずが、幼い頃に見た神秘的な夢をきっかけにして東アジアの宗教に興味を持つようになり、人生が大きく変わった。その後の50年間にわたり、ワッツは西洋における東洋哲学の第一人者となり、禅や道教の世界観をテーマにしたベストセラーを何冊も書いた。

僕はこの本を書き始めて数カ月後に、ネットでワッツの講義に出会い、その世界観の奥深さと、その視点が「フィールグッド・プロダクティビティ」の理論にとてもよく合っていると気づき、感銘を受けた。特に、ワッツの名を世界に知らしめたシンプルなフレーズ、「深刻になるな、真摯であれ」に。

「The Individual and the World」(個人と世界)と題した有名な講義の中で、ワッツは世界を理解するうえで人々が犯している大きな間違いについて語っている。ワッツは20世紀初頭のイギリス人作家G・K・チェスタトンの「軽薄さには、上昇する軽やかさがある。だが深刻さは、石のように落ちる重力だ」という言葉を引用し、それは禅の考えにも当てはまると述べている。「深刻さと真摯さは違う」と彼は述べている。

これはどういう意味なのだろう？　ボードゲームのモノポリーを例にして考えてみよう。ゲームに深刻になりすぎる人と一緒にプレイしたくないという感覚は、誰もが経験したことがあるのではないだろうか。そういう人は勝つことにこだわりすぎるので、せっかくのゲームが楽しくなくなってしまう。たとえば、チャンスカードでGOを通過して200ポンドを集めることが許されているかどうかについて、いちいちルールブックを細かく調べられたりすると、他のプレイヤーは興ざめする。

しかしその一方で、まったくゲームに気が乗っていない相手ともプレイはしたくない。そういう人はゲームに集中しないし、ベストを尽くして楽しもうとしない。あなたが刑務所から出るために、50ポンドの釈放料を支払うのではなく、ゾロ目を狙うという大胆な方法を用いて成功したにもかかわらず、それを祝福もしてくれない。こんな人たちとは、わざわざゲームをする甲斐がない。

一緒にゲームをするのが楽しいのは、真摯にゲームをする人だ。ゲームに集中して取り組むが、勝ち負けにやたらと固執したりはしない。笑い、冗談を言い、自分がミスをしても落ち込んだりせず、勝ち（やルール）に過度に執着したりせずに、友人たちとゲームを楽しめる。

このようなアプローチで仕事や人生に取り組むと、得られるものは多い。仕事でストレスや不安、疲労を感じているときは、真摯でいることを忘れ、深刻になってしまうことが多い。そんなときは、やろうとしていることがとてつもなく重大に思えて、気が重くなる。でも、ハードルを下げることはできる。その方法は簡単だ。仕事に疲れたり、憂鬱だと感じたりしていると気づいたら、**「どうすれば、あまり深刻にならず、もっと真摯に取り組めるだろう？」と自問する**のだ。

仕事の難しいプロジェクトにも、深刻にならずに真摯に取り組めば、結果に執着しすぎることなく、目の前の作業を完成させることに集中できる。また、自分一人で仕事を抱え込むことなく、他人の意見や協力も求めやすくなる。その結果、遊び心を持って仕事に取り組みやすくなり、集中力やモチベーションも高まる。

採用面接でも、深刻にならずに真摯に臨めば、結果に対して過度の緊張やストレスを感じることなく、目の前の質問に集中できる。必要以上に相手に良い印象を与えようとするのではなく、面接官と自然で人間らしいコミュニケーションが取りやすくなる。気楽に臨めるので、自信と満足感を持って面接を終えられるだろう。

本の執筆でも、深刻にならずに真摯に書こうとすれば、自分の大好きなもの（たとえば、「World of Warcraft」）を本の冒頭から例に用いて話を進められる。自分にとっての初めての著作を執筆するという重要な仕事をするときにさえ、過程を軽やかなものにできることを読者に身をもって示せる。「生産性の科学」という本のテーマに沿った説明をしながら、文章に楽しさを与えられる。その結果、ストレスは減り、さらに遊び心が生まれる。

同じ考えを持つ医師は僕だけではない。医療ドラマの『グレイズ・アナトミー 恋の解剖学』では、パトリック・デンプシー演じるハンサムな脳外科医デレク・シェパードが、手術の開始時にこんな儀式をする。チームに挨拶し、元気が出るような音楽をBGMにして、「今日は患者の命を救うための素晴らしい日だ。楽しもう」と言うのだ。

この章のまとめ

・「深刻になること」は、過大評価されている。人生を台無しにすることなく、多くのことを成し遂げたいのなら、そのための第一歩は、遊び心を持って仕事に取り組むことだ。

・遊び心を生活に取り入れるには、3つの方法がある。1つ目は、冒険心を持って物事に取り組むこと。自分にふさわしい「遊びのパーソナリティー」になりきることで、日常は驚きやサイドクエストに満ちたゲームになる。

・2つ目の方法は、あらゆる物事に楽しみを見つけること。『メリー・ポピンズ』の曲の歌詞にあるように、どんな仕事にも、必ず楽しい部分がある。何かに取り組むときには、「これが楽しいとしたら、どんなふうになるだろう?」と自問してみよう。

・3つ目の方法は、ハードルを下げること。失敗は、失敗だと思ったときに初めて失敗になる。常に深刻な顔をしている必要はない。肩ひじを張らず、真摯な気持ちで取り組めば、心の余裕が生まれ、かえって良い結果を得やすくなる。

第2章
コントロール感を高める

2000年9月、リード・ヘイスティングスとマーク・ランドルフは創業間もないネットフリックス（Netflix）社をブロックバスター・ビデオ社のCEOに売却しようとしていた。だが、その試みは大失敗に終わった。[21]

2人はそれまで、レンタルビデオ界に革命をもたらす画期的なビジネスモデルに賭けていた。それは、「顧客がウェブサイトでレンタルしたいDVDを注文し、郵送で受け取りや返却ができる」というものだった。だが、2人が全身全霊をかけて取り組んでいたにもかかわらず、同社の経営状況は悲惨だった。100人以上の従業員を抱えていたが、有料顧客はわずか3000人。赤字は年末までに5700万ドルに達する見込みだった。

ネットフリックスを売却しようと思ったヘイスティングスとランドルフは、何カ月もかけて電話やメールをやり取りし、ようやくダラスの本社でブロックバスターのボス、ジョン・アンティオコとのミーティングにこぎ着けた。これは大きなチャンスだった。ブロックバスターは全世界に9000以上の店舗を持つ時価総額60億ドルの上場企業で、アメリカのビデオ市場を支配していた。しかし、このせっかくのチャンスも活かすことはできなかった。当初、アンティオコとブロックバスターの顧問弁護士エド・ステッドは友好的で、礼儀正しかった。ヘイスティングスとランドルフが、ブロックバスターがネットフリックスを買収するメリット、つまりインターネット時代の新しいタイプのビデオレンタルの方法について熱っぽく説明しているあいだも、注意深く耳を傾けてくれた。しかしそのとき、アンティオコが重要な質問をした。「いくらで売りたいんだ？」

「5000万ドルです」

しばしの沈黙——。そして、アンティオコは大笑いし始めた。

時は流れ、その10年後。ブロックバスター・ビデオは破産を申請した。同社はオンラインビデオへの移行という時代の流れについていけず、店舗の大半を徐々に閉鎖し、最終的に破産した。さらに時間を10年間早送りすると、ネットフリックスはオンライン・ストリーミングサービスを提供する企業に生まれ変わり、時価総額は3000億ドルに達し、世界でも屈指の革新的な企業として称賛されていた。

ブロックバスターのCEOに一笑に付されたネットフリックスは、世界トップクラスの大企業に変貌を遂げた。この奇跡のような出来事は、いったいどのようにして起こったのか？　答えはいくつかある。ヘイスティングスら同社の幹部の優れたビジョンを評価する人もいる。インターネットが普及していくのと同じタイミングでそれに合ったビジネスを展開したというタイミングの良さを指摘する声もある。だが、ネットフリックスが成功した最大の理由はもっと単純である。それは、企業文化《カルチャー》だ。

ネットフリックスの事業が軌道に乗り始めた頃、リード・ヘイスティングスはパティ・マッコードを同社のチーフ・タレント・オフィサーに任命した。それまで数社のIT企業で人事を担当してきたマッコードは、従来の人事管理手法には満足しておらず、従業員が自分の仕事を自分でコントロールできると感じられるような企業文化をつくりたいと考えていた。ヘイスティングスはマッコードと協力して、自由や責任の重視など、同社の企業文化の指針となるような価値観をつくり上げた。[22]この小さなシフトは大きな変化をもたらした。ネットフリックスの従業員の働き方は、根本的に変わった。所定の休暇や勤務時間、業績評価といった従来型の方針は取り払われ、従業員には自主性が与えられた。目標さえ達成すれば、好きなように働くことが許されるようになった。

当初、このアプローチには懐疑的な見方もあった。しかし会社が成長し、繁栄するにつれて、それが奏功しているのは明らかになった。この企業文化は、優秀な人材を引きつけ、維持するのに役立っただけでなく、より良いアイデアを生み出すことにもつながった。同社は市場調査やフォーカスグループといった従来の方法に頼らず、クリエイティブ・チームに新番組や新作映画の企画・制作の主導権を握らせた。その結果、世界中が注目するような斬新なテレビ番組や映画が生み出された。

マッコードは、自由と責任を重視するこのアプローチを、「パワー」というシンプルな言葉で要約した。これは、取り扱いが難しい言葉でもある。「全体主義の独裁者」や「横暴な上司」「他人を支配するために密室で下される容赦のない決定」といった、ネガティブな意味合いを持つ場合があるためだ。「自分とは無縁の言葉だ」と思う人もいるかもしれない。

だが、「パワー」の意味はそれだけではない。マッコードはこの言葉を、「人に自信や権限を与える」という意味で用いていた。つまり、**自分の仕事は自分でコントロールでき、人生は自分の手の中にあり、自分の将来は自らの手で変えられるという感覚**だ。コントロール感と呼び換えてもいい。この感覚は、他人を相手に行使するものではない。それは自分自身が感じるものであり、屋上に立って「私ならできる！」と叫びたくなるようなエネルギーのことだ。

本書で紹介する2番目のエネルギー源は、コントロール感（パワー）だ。それは、気分を良くし、生産的を高めるための重要な要素だ。何より、これは他人から奪うものではなく、自分自身でつくり出すものなのだ。

自信を高める方法

コントロール感の科学を紐解く旅を、数十人の運動嫌いな被験者でいっぱいの実験室から始めてみよう。
この28人の女子学生が被験者として選ばれた唯一の理由は、彼女たちに日常的な運動の習慣がなかったからである。[23] イリノイ大学アーバナ・シャンペーン校の研究者たちは、彼女たちの運動不足の事例が研究の契機になると考えていた。彼らは、後に国際行動医学会誌（International Journal of Behavioral Medicine）に掲載されたこの研究で、「運動能力に対する自信は、実際の運動能力に大きな影響を与えている」という単純な仮説を検証しようとした。

実験ではまず、28人の学生全員に固定式自転車で一定時間漕《こ》いでもらい、その間の心拍数とVO2 max（運動中に身体が吸収・使用できる酸素の量）を測定した。運動が終了すると、そのパフォーマンスに基づいて、被験者の学生はA群とB群の2グループに分けられた。短時間の休息の後、A群（「自信がある」グループ）の学生には、「先ほどの運動の結果、年齢や運動経験が同じ女性たちと比較して、体力が最も優れていた」と伝えた。一方、B群（「自信がない」グループ）の学生には、「先ほどの運動の結果、年齢や運動経験が同じ女性たちと比較して、体力が最も劣っていた」と伝えた。

実は、これは実験のための嘘だった。つまり、「自信がある」グループは実際には体力が優れているわけではないし、「自信がない」グループも体力が劣っているわけではない。被験者は運動テストの成績とは無関係に、ランダムに2群のどちらかに割り当てられただけだった。研究者たちの真の関心は、次の段階にあった。3日後、被験者は再び実験室で約30分間の運動を行い、その後で「今回の運動がどれくらい楽しかったか」を評価するよう求められた。

結果は驚くべきものだった。初回の運動後に「体力が優れている」と告げられた「自信がある」グループは、「体力が劣っている」と告げられた「自信がない」グループよりも、2回目の運動をはるかに楽しんでいた。これは、運動の強度や難易度が高い場合にも当てはまった。被験者に、前回よりも激しく、長く自転車を漕ぐように指示すると、2つのグループの差はさらに顕著になった。きつい状況に陥ったとき、「自分はできる」と信じていた被験者は、体力に関係なく、最後までやり遂げたのだ。何より重要なのは、自信を高めるように仕向けられていた被験者は、運動そのものを楽しんでいたことだ。

この研究は、「自信の程度は、パフォーマンスにどう影響するか？」という素朴な疑問を探求するものだった。その答えは、この前後に実施された多くの類似研究と同様、実にシンプルだった。つまり、「極めて大きく影響する」だ。あるタスクを成し遂げる自信があると、その作業中に気分が良くなり、作業の質も高まる。

この考えの起源は、カナダ系アメリカ人の心理学者アルバート・バンデューラにさかのぼることができる。1925年にカナダ・アルバータ州のマンデアに生まれ、2021年に亡くなったバンデューラは、極めて大きな影響力を持つ心理学者だった。その主な理由は、彼が1977年に発表し、その名を一躍有名にした「自己効力感」という概念にある。[24] バンデューラは自らの過去10年間の研究をもとに、「人間のパフォーマンスや幸福にとって重要なのは能力そのものだけではなく、自らの能力についてどう感じるかだ」と主張した。自己効力感とは、そのような感情を表現するために彼がつくった用語であり、目標を達成できるという信念をどれだけ持っているかを意味している。

大まかに言えば、自己効力感とは「自信」を表す心理学の専門用語である。コントロール感を築くための1番目の方法は、自信を高めることだ。バンデューラが初めて自己効力感という概念を提唱してから半世紀のあいだに、非常に多くの研究が、自らの能力に対する自信があればあるほど（すなわち、自己効力感が高ければ高いほど）、実際に能力が高くなることを示してきた。心理学者のアレクサンダー・スタイコビッチとフレッド・ルーサンスは1998年、被験者延べ約2万2000人を対象にした114件の研究を分析し、バンデューラの主張の正しさを裏付けた[25]。そう、**「できる」と信じることは、「自分はできる」と確認するための第一歩**なのだ。

実験1
「自信スイッチ」を入れる

自己効力感という考え方は興味深いが、特に目新しさは感じないかもしれない。「自信があるかどうかが、能力に影響するのは当然だろう」と考えた人もいるだろう。「自分の能力を微塵も疑おうとしない自己中心的な人が、偉そうに振る舞っている姿」が思い浮かんだかもしれない。

しかし、自己効力感についてはもっと驚くべき点がある。それは、この感覚が極めて柔軟であるということだ。バンデューラは自信の科学を研究し始めたときから、「人に自己効力感の高め方を教えるのは簡単である」という意外な事実に気づいていた。そして長年の研究の結果、「自信は生まれつきのものではなく、学べるものだ」と結論付けた。

バンデューラは、この画期的な主張を発表してから数年後、自己効力感を大きく変えられる簡単な方法をいくつか発見した。その一つが、「言葉による説得」だ。バンデューラは、自己効力感についての単純な真実を指摘するのが好きだった。それは、「人は頻繁に言葉にしていることを、本当だと信じるようになる」というものだ。「君ならできる！」や「あと少し！」といった励ましの言葉を耳にするのは、自信を高めるために大きな効果が期待できるのだ。

一般的には、こうした言葉をかけてくれるのは家族や友人、同僚といった身近な人や、パーソナルトレーナーといった専門家だと思われている。しかし、こうしたメッセージは自分自身にも届けられる。

2014年、バンガー大学の研究者たちが、セルフトークの力に関する研究結果を発表した。[26] 実験では、まず各被験者に、固定式自転車をこれ以上続けられなくなるまで漕いでもらい、「疲労困憊になるまでの時間」（TTE）を測定した。次に、前述した固定式自転車を用いた類似実験の被験者と同様、本実験でも2週間の間隔を空けて、再び固定式自転車での運動を行わせた。ただし、その際に被験者は2つのグループに分けた。一方のグループは、ポジティブなセルフトークの介入を受けた――「その調子！」「あなたならできる！」といった、やる気を起こさせるフレーズを見せられ、その中から4つを選び、それらを運動中の自分に言い聞かせた。もう一方のグループには、このような介入は行わなかった。

研究者たちは、このような些細な自己動機付け行動では、被験者のパフォーマンスは変わらないだろうと考えていた。しかし、それは間違いだった。自分に励ましの言葉をかけた被験者グループは、「自覚的運動強度（RPE）」（サイクリングがどれだけきつく感じられたか）が有意に50％低下し、「疲労困憊になるまでの時間」も顕著に向上した。対して、もう一方のグループのパフォーマンスは前回とまったく同じだった。

この研究は、自分で自分を励ますだけで、生産性を劇的に高められることを示している。僕はこの研究結果を知ってから数年間で、生産性を高めるための具体的な方法をいくつか思いついた。なかでもお気に入りは、「自信スイッチ」を入れる方法だ。つまり、**何かをするときに、たとえ自信がなくても、自信があるかのように振る舞う**のだ。

これは拍子抜けするくらい簡単な実験だ。何かをしようとして不安で尻込みしてしまうときに、「もし、自信満々だったらどうだろう？　自分にはできるという確信を持ってこれに取り組んだとしたら？」と自問するのだ。

僕は大学時代、舞踏会やパーティーの会場内でマジシャンとしてアルバイトをしていたのだが（そう、僕はそんなクールなことをしていたのだ）、そのときにこのトリックを多用していた。仕事の内容は、タキシードを着て、何人かで集まって話をしているパーティーの参加者の輪の中に入り、マジックを披露することだった。手品はうんざりするほど練習していたのだが（当時の友人に聞いてみてほしい）、最初のうちは、得意のカードトリックを見せるために見知らぬ人たちに近づいて会話を遮ろうとしても、緊張してうまくしゃべれなかった。今思い出しても恐ろしくてゾッとする。でもしばらくして、深呼吸をして、心の中で「自信スイッチ」を入れるという方法を編み出した。本当は不安だらけなのに、「自信満々のマジシャンの役を演じよう」と自分に言い聞かせ、自信たっぷりの有能な人間であるかのように振る舞ったのだ。その効果は毎回、絶大だった。笑顔を浮かべ、堂々とした態度で見知らぬ人たちの輪に近づき、何度も練習したセリフを口にしながら手品をする。マジックが終わると、作戦がうまくいったことにほっとしながら、その集団から離れる。

その効果には、我ながら驚くことが多い。この「自信スイッチ」を入れるだけで、アマチュアのマジシャンはプロに変身する。下手なアマチュアミュージシャンはギターヒーローに、スピーチを前にして緊張している人はカリスマ的な演説家になった気分になれる。

仕事でもプライベートでも、何かに取り組むのが難しいと感じたときは、**「もし自信たっぷりにこれに取り組めたら、どんな感じになるだろう？」と自問**してみよう。それだけで、目の前の仕事に自信満々で取り組んでいる自分をイメージできるはずだ。つまり、「自信スイッチ」が入ったのだ。

実験2
ソーシャルモデル法を活かす

バンデューラは「言葉による説得」だけではなく、他人の力を利用して自信を高める方法にも興味があった。

その仕組みを示す研究の中でも僕が好きなのは、クレムソン大学の研究所によるものだ。[27] ここは普通の科学研究所ではない。米国サウスカロライナ州のハートウェル湖のほとりにある、森に囲まれたこの研究所は、木造のキャビンやハイキングコース、ウォータースポーツ設備を擁しているが、科学実験室でおなじみのシャーレは見当たらない。しかし、一見するとレクリエーション施設のようなこの研究所には、本格的な科学的機能が備わっている。ここは長年にわたり、多くの先駆的な心理学実験の場となってきたのだ。たとえば２００７年に行われた、6歳から18歳までの子ども38人を被験者にした、大学のクライミングウォールを用いた実験だ。

研究所に到着した子どもたちは、「今日の目標は、ロック・クライミングウォール（この研究所の主要な設備の一つ）の頂上まで登ることです」と指示される。それはとてつもなく大変なことのように思えた。子どもたちのほとんどは、クライミングウォールを見たことすらなかった。研究者たちは、どんな子どもたちがこの課題に成功するのか、成功を促す要因は何かを調べようとしていた。

子どもたちは、秘かに2つのグループに分けられていた。グループ1の子どもたちは、事前にこのクライミングウォールとよく似たウォールを登っている人を映した短い動画を見せられていた。グループ2の子どもたちは、何も見せられていなかった。それ以外は、両グループの条件は同じだった。

驚くべきことに、それは劇的な違いをもたらした。両グループの子どもたちは、ウォールに登る前にまったく同じ指示を与えられた。しかし、「手本」となるロッククライマーが同じようなウォールを登る様子を事前に見せられていたグループ1の子どもたちのほうが、はるかにうまくウォールを登ったのだ。グループ1の子どもたちは自らのロッククライミングの能力に自信を持ち、クライミングを楽しみ、良いパフォーマンスを発揮した。

なぜこの小さな介入がこれほど大きな変化をもたらしたのか？　アルバート・バンデューラなら、それは「代理経験」によるものだと説明するだろう。これは何かをするとき、同じようなことをしている他人の様子を事前に見聞きすることで、自信が高まる効果のことだ。

誰でも無自覚のうちに、この代理経験をしているものだ。たとえば、仕事で難しい調査プロジェクトを任され、悪戦苦闘しているとしよう。担当者は自分一人で、余計に気が重い。数日間、ほとんど進捗がなく、次第に「このプロジェクトを終わらせるのは不可能だ」と思うようになる。不可能だと思えば思うほど、ますます作業ははかどらなくなる。

では次に、「他の誰かが同様の調査プロジェクトを担当し、その結果を発表している様子」を見てから、作業を始めたとしよう。調べ物のテーマは違うので内容は真似られないが、それでもこのプロジェクトが不可能ではないことがわかる。他の誰かがそれを成功させるのを、目の当たりにしているからだ。その結果、「あの人をお手本にすれば、自分にもやればできるはずだ」という自信が高まっている。

バンデューラは、「困難を克服するための粘り強さや努力を示す人たちに囲まれていると、私たちの自己効力感は高まる」と主張した。周りの人たちが、その困難は克服できることを示してくれるからだ。彼によれば、**「自分と似たような人たちが努力を続けて成功しているのを見ると、観察者は自分にもその努力ができる能力があると信じるようになる」**という。

ポジティブなセルフトークと同じく、この代理経験は日常生活に取り入れられる。僕が好きなのは、手本となる人たちに関するコンテンツを楽しむことだ。本やポッドキャスト、動画を通じて自分が興味のある分野で成功している人たちに触れると、自信が増すのを強く実感する。

病院で働いていた頃は、英国王立内科医協会が制作するポッドキャスト「RCP Medicine」を通勤時によく聴いていた。様々な医師が診察や治療にどう取り組んでいるかを知ることは、医師として働くうえでの自信を深めるのにつながった。

初めてオンラインビジネスを立ち上げたときは、「Indie Hackers」というポッドキャストを愛聴していた。自宅を仕事場にしてたった一人で優れたオンラインビジネスを展開している様々な起業家たちにインタビューをする番組だ。彼らがどんな課題に直面し、それをどのように克服したかという話を聞くのはとても参考になり、自分が同様の課題に対処する際の自信になった。医師を辞め、作家となった現在の新たな人生でも、成功している他の作家について見聞きし、インタビューをすることが、他の何よりも「自分にもできる」という気持ちを高めるのに役立つものになった。

これは誰もが使える方法だ。自分が抱えているのと同じような問題を乗り越えた人を見つけて、その体験談に触れる。他人の成功体験を自分に置き換えることで、**「誰かにできたのなら、自分にもできるはず」というイメージを心に強く描けるようになる**のだ。

技能を磨く

8歳の少年アナキン・スカイウォーカーは、家族を養うために惑星タトゥイーンでドローン・レースをしている。映画『スター・ウォーズ』シリーズの「新三部作」（エピソード1から3まで）で、アナキンはフォースの使い方を学び、ライトセーバーを使いこなすための訓練に励み、銀河に名だたるジェダイの騎士に成長していく。

映画『ハンガー・ゲーム』の主人公、16歳のカットニス・エヴァディーンは、母と妹を養うために第12地区で違法な狩りをしている。やがて地区を代表する若者が殺し合いをする「ハンガー・ゲーム」に志願し、弓や戦略家としての能力を高め、意外な相手と手を組み、独裁国家パネムの中心にある抑圧的な都市「キャピトル」に対する反乱を率いていく。常に不利な状況にあったにもかかわらず、彼女は全国民にとっての希望や抵抗の象徴「モッキングジェイ」になる。

僕のお気に入りのテレビアニメシリーズ『アバター：伝説の少年アン』の主人公のアンは、小さな村に住む少年だ。最初は「気の技」を使いこなすのに苦労しているが、世界を探索し、4つの要素（土・気・水・火）すべてをマスターして、優れたアバターに成長していく。シリーズの最後では、火の王オザイとの壮大な対決で世界を破壊から救う。

この3つの物語は、過去数千年における無数の物語の中でも、コントロール感を高める方法を特によく示している。それぞれの主人公は、若く未熟な見習いとして物語を始める。そして時が経つにつれて、障壁を乗り越え、学び、人間として成長していく。一つの成功が次の成功につながり、それがさらなる成功を呼ぶ。

前述した心理学者のアルバート・バンデューラは、このように学びの経験が次々と相乗効果を生んでいくことを、「能動的習得体験」と呼んでいる。[28] これは先ほどの「代理経験」の裏返しであり、実践を通して学ぶプロセスを指している。

実践を通した学習の効果は絶大だ。そして、これはコントロール感を身につけるための2番目の方法になる。**何かに熟達するほど、その対象をコントロールしているという感覚は大きくなる。**学び、技能を高めることで自信は増していく。人生や物事を自分の力でコントロールできるという感覚が高まっていくのだ。

実験3
「初心」を意識する

これらの学習体験がとりわけ興味深いのは、日常生活にも簡単に取り入れられる点だ。まったく進歩が感じられない領域でも、能動的習得体験の効果は活用できる。

僕はその実践方法を、フィル・ジャクソンから学んだ。バスケットボールファンなら、彼のことを知っているはずだ。80年代のシカゴ・ブルズのカルチャーを変えたコーチであり、90年代にはヘッドコーチとしてチームを何度も（興味がある人のために言うなら、6度）NBA制覇に導いた（当時のブルズは、世間を当惑させるくらい強かった）。マイケル・ジョーダンを伝説的な存在に引き上げたのも、ジャクソンだと言っていい。

ただし、ジャクソンのスポーツ哲学に意外な起源があることはあまり知られていない。それは、禅宗だ。

禅は、悟りを開く手段として瞑想の実践を重視する仏教の一派だ。禅は自分の内面に目を向け、現実世界の本質を理解するための独自の道を見出すことを促す。ジャクソンは、自分のこれまでの成功にとって、禅は不可欠だったと述べている。

ジャクソンのコーチングの実践にとって重要だった禅の概念に、「初心」という言葉がある。これは、あらゆる物事や状況に対して、初心者のような好奇心や率直さ、謙虚さを持って取り組む心の状態を指す。

初心者の視点を持つことが熟達につながるというのは、不思議に思うかもしれない。初心者とは、右も左もわからない人のことを指す。だがその一方で、初心者はまっさらな目で物事を捉えられる。そこには、驚くべき力が秘められている。

何年もかけて身につけた技能について考えてみよう。その技能を発揮するときは、決まりきったものになっているのではないだろうか。たとえば、絵を描くのなら、似顔絵を描き始める部位が毎回同じになっている。スポーツをするときも、お決まりのポジションがある。経験を積めば積むほど、物事のやり方は同じパターンに落ち着きやすい。それはマンネリを招いてしまう。

だが、初心者にはこうした思い込みはない。失敗を恐れず、積極的にいろんな方法を試す。絵を描くときも、毎回違った部位から絵を描き始める。スポーツをするときも、たとえうまくいかなくて周りから笑われたとしても、いろんなポジションを試してみる。初心者は失敗を厭《いと》わない。そして何かを学ぶうえで、失敗することほど価値のあるものはない。

新鮮な視点で世界を見ようとすることで、通常なら途中で頭打ちになってしまう学びのプロセスは長続きするようになる。シカゴ・ブルズの場合、それは決められた方法や戦略に固執せず、柔軟な発想で一瞬一瞬に臨むことだった。ジャクソンは、それがチームの成功を導いたのだと言う。

では、初心を日常生活に取り入れるにはどうすればいいのだろうか？　その答えは、自分に簡単な気づきを促すことから始まる。

ビジネスの世界にいる人なら、イノベーションや実験の精神を受け入れてみよう。仕事に慣れてしまうと、決まりきった考えに陥りやすくなる。初心の視点があれば、前例にとらわれずに斬新な方法で問題を解決し、新しい市場や商機を探せるようになる。執筆や作曲などのクリエイティブな分野で仕事をしている人なら、常に新しい技法に興味を持ち、自分とはスタイルの違う人とコラボレーションを求めてみよう。過去の成功体験に縛られず、まっさらな目で何かに挑戦する。それが初心ということだ。

「私はなんでもわかっている。あるいはわかっているべきだ」という考えを手放せば、自信はむしろ高まる。**初心は、僕たちが好奇心や謙虚さ、逞《たくま》しさを持って問題に取り組むことに、そして多くの学びを得ることに役立つ**のだ。

実験4 プロテジェ効果を活用する

大学で心理学の勉強をしていたとき、僕は「年上のきょうだいは、年下のきょうだいよりも平均してＩＱが少し高い傾向がある」と知って嬉しくなった。子どもの頃、なぜ弟の存在をわずらわしく思っていたのかずっと不思議だった。今は、その理由がわかる。

科学者は長年にわたって、この現象を様々な方法で説明しようとしてきた。親は下の子より第一子の世話に多くの時間や労力を注ぐ傾向があるためなのだろうか？　第一子は大人と関わる機会が多く、それが語彙の発達に役立っているからなのだろうか？　それとも、親から第二子以降の子よりも高い期待を抱かれる傾向があるため、第一子は学校での勉強を頑張ろうとするからなのか？

結論はまだ出ていないが、スタンフォード大学教育学部の研究者が２００９年に行った研究は、興味深い説明をしている。[29]この実験では、中学2年生62人を無作為に2つのグループに割り当て、生物学の授業を受けさせた。1番目のグループは、授業後に行うテストで良い成績を取ることを目標にして、普段通りに学習し、教材の内容を記憶するように指示された。2番目のグループは、授業後にコンピュータで生成されたアバターに学習した内容を教え、その「デジタルの生徒」がどの程度内容を理解したかに基づいて成績が評価されると指示された。

授業後、両グループは学習度を評価するため同じテストを受けた。すると、コンピュータで生成したアバターに学習内容を教えた2番目のグループの生徒のほうが、テストを受けることのみを目的として学習した1番目のグループの生徒よりもテスト結果が良いことがわかった。授業の内容や教材が同一であったにもかかわらず、**後でその内容を誰かに教えなければならなかった生徒のほうが、よく学習していた**のだ。研究者たちはこの現象を、「プロテジェ（弟子）効果」と名付けた。[30]

それ以来、人間の知能に関する研究では、「年上のほうが年下のきょうだいよりも平均的に

IQが高く、学校の成績が良いのは、この現象のせいではないか」と指摘されるようになった。[31]
兄姉は、弟妹の教師や指導者としての役割を担う。年上のきょうだい（僕もそうだ）は、年下のきょうだい（僕の弟）の宿題を手伝ったり、世の中についての様々な疑問に答えたり、自分の経験や考えを（実際には、その内容が正しくないことがあっても）伝えたりする。

プロテジェ効果は、学びの経験を増やすのに役立つ。哲学者のセネカも、「教える者は学ぶ」と語っている。この効果の力を理解すれば、日々の生活の中で様々な「教師役」を引き受けるのがぐっと簡単になるだろう。

ソフトウェア開発の仕事をしている人は、後輩の開発者やインターンを指導することに積極的になれるかもしれない。プログラミングの複雑な概念やベストプラクティスを他人に説明することで、自分自身の理解も深まり、スキルレベルの向上につながるからだ。

営業の仕事をしている人は、新人研修を担当したり、チームでのワークショップを主催したりできるかもしれない。自分の営業のテクニックや方法を誰かに説明することで、自らの技能も高まり、営業という仕事を新しい視点で捉えられるようになる。同僚のスキルも向上させられるので、チーム全体の利益にもつながる。

自分には誰かに何かを教える「資格」がないと悩んでいるのなら、「人は、自分よりも一歩先を行っている誰かから最も多くを学べる」という言葉を覚えておいてほしい。つまり、誰でも人に何かを教えられるのだ。

誰かに何かを教えるのに、**達人である必要はない。ガイドであればいい**のだ。

オーナーシップの感覚を持つ

1970年代前半、心理学者のエドワード・デシは、「人が困難な何かに取り組もうとするときの動機は何か？」という単純な問いの答えを探ろうとした。

それは、デシが心理学者になったばかりの頃から惹かれていた問いだった。1970年にカーネギーメロン大学で博士号を取得した翌年、彼は被験者に「ソーマキューブ」（ルービックキューブに似た立体パズル）を解かせた実験に基づく、重要な論文を発表した。その内容は、「『パズルを解けば金銭的報酬を与えられる』と指示された被験者は、奇妙なことに、まったく金銭的報酬を与えられなかった被験者に比べてパズルを楽しめず、報酬を与えられるという条件が外されるとパズルを解くのを諦めやすくなる」というものだった。

つまり、被験者は物質的報酬を与えられることで、タスクへの関与を強めるのではなく、弱めていた。このことからデシは、従来の考え方に反して、**物質的報酬はモチベーションを低下させ得る**と結論付けた。

1977年、デシは同じく若手の心理学者リチャード・ライアンと出会い、モチベーションに関する世の中の考え方を一変させることになる研究を共同で始めた。それから20年、デシとライアンは人が困難なことに取り組もうとする動機についての、従来とはまったく異なる学説を構築

モチベーションの連続体

外発的動機付け

- □ 報酬と罰
- □ 社会的承認
- □ パフォーマンス目標

内発的動機付け

- ☑ 自己実現
- ☑ 好奇心と学習意欲
- ☑ 個人的成長

した。2人の研究の成果は、1981年に発表した「自己決定理論」で結実した。

それまでの科学では、モチベーションは主に報酬や罰のようなインセンティブによってもたらされると考えられていた。しかし、デシとライアンはそうではないことを示した。

2人はこの理論で、モチベーションは「外発的」なものと「内発的」なものを両端とする一つの連続体（スペクトラム）として理解すべきだと主張した。「内発的動機付け」は心の内側から生じるもので、自己実現や好奇心、純粋な学習意欲が原動力になる。「外発的動機付け」は外の世界からもたらされるもので、昇給や物質的報酬、社会的承認などが原動力になる。そして、この2つのモチベーションは同等のものではない。自己決定理論によれば、内発的動機付けは外発的動機付けよりもはるかに強力である。[32] つまり、持続的な動機付けは、内面から生まれるというわけだ。

しかし、デシとライアンの理論はそこで終わりではない。2人は、内発的動機付けは意図的につくり出せるものであることも示したのだ。すでに1980年代には、2人はわずかな要因によって、内発的動機付けが高められることを実証していた。その筆頭は、「自律性」の感覚――平たい言葉で言うと、「当事者意識」だ。これが、この章で紹介する、僕たちの職場や日常生活に活力をもたらすために大きな貢献をしている「コントロール感」（パワー）を高める方法のうちの、3番目のものだ。

デシとライアンは、**当事者意識を感じていると、その行為に積極的に関わろうとする内発的動機付けが生まれやすくなる**と述べている。ソーマキューブを用いた実験で、金銭的報酬が被験者のモチベーションを低下させていたのもそのためだ。これらの被験者は、パズルを解くことを「自分ごと」ではなく、報酬があるからしていることだと感じていた。その結果、行動を自分でコントロールしているという感覚が弱まり、モチベーションも下がってしまったのだ。

これは日常生活にも当てはまる。人が上司や親に細かく管理されると嫌だと感じるのは、「自分のすることは自分でコントロールしたい」という欲求があるからだ。子どもの頃に自室の壁や棚を好きなように飾りつけるのも（大人になって家を建てるときに好きなように設計するのも）、理由は同じだ。そして、このコントロールの感覚が奪われたとき――たとえば、刑務所に入れられたり、楽しくない仕事をしなければならなかったり――それは心身の健康に悪影響を生じさせる可能性がある。

ただし問題がある。自分のしていることをコントロールするのは、必ずしも簡単ではないのだ。もちろん、十分なコントロール感を持って仕事をしている人もいる。成功した起業家は、自分の判断で会社を経営しているし、デジタルノマドは世界中を自由に移動してどこのカフェからでも仕事ができる。しかし、そうでない人もいる。ホテルのフロント係は、常に受付に待機し、客を歓迎しなければならない（在宅勤務は選べない）。病棟で働く新米医師は、患者全員を診察しなければならない（失礼な態度を取る患者も無視はできない）。

しかし、「当事者意識を持つ」という考えは、どんな状況にも当てはめられる。人は、嫌な状況に置かれたとき、「自分の力ではどうにもならない」と考えてしまいがちだ。「今住んでいる場所は好きではないが、引っ越しはできない」「この人間関係は気に食わないが、自分にはそれは変えられない」「この仕事は退屈だけど、転職するのは無理」というふうに。

そして、実際にその通りであることもある。状況そのものを変えるための手段が、何も見当たらないというケースだ。けれども、そんな状況下でも、実際には自分が思っている以上に主体的に行動ができるものなのだ。状況全体は変えられなくても、部分的にそれを変えることはできる。そして無自覚のうちに、状況をコントロールしていることもある。それがどういうことなのか、これから詳しく見ていこう。

実験5
プロセスをコントロールする

どんなに悪い状況でも、コントロール感はつくり出せる。そのことをよく示す、僕が好きな例を紹介しよう。２０１６年6月、アメリカの掲示板サイト「Reddit」（レディット）で、アカウント名「FiletOfFish1066」を名乗るユーザーが会社を解雇されたことを告白し、大きな話題になった。[33] 彼はそれまでその会社で6年間、ソフトウェア開発者として働いていた。仕事の内容は、品質保証部門でソフトウェアのテストをすること。とても退屈な仕事だった。同じ古いソフトウェアに対して、同じ古いスクリプトを使って、同じ古いテストを実行する。それをひたすらに繰り返すのだ。

そこで「FiletOfFish1066」は、ある計画を思いつき、それを実行した。入社後の最初の8カ月間をかけて、自分の仕事を完全に自動化するためのソフトウェア・プログラムを書いた。上司には何も知らせていない。それ以降は、そのプログラムをただ自動的に走らせるだけで、品質保証テストを完璧に実施していった。すべてがうまくいった。だから、上司には何も怪しまれなかった。解雇された後、彼はレディットにこう投稿した。「この6年ほど、僕はその職場で何も仕事をしなかったんだ。嘘じゃない。毎週40時間、会社にいたけど、その間にしていたことと言えば、ＰＣゲームの『リーグ・オブ・レジェンド』をプレイしたり、レディットを見たり、とにかく好きなことをしていただけ。過去6年間で、合計50時間程度しか実際に働いていない。つまり、基本的に何もしていない。それでも、誰にも気づかれなかったんだ」

だがその後、ＩＴ部門の同僚が事情を察知し、上司に報告した。「FiletOfFish1066」は長年に及ぶその大胆な試みのために、解雇された。

僕は「FiletOfFish1066」のやったことが、職業的にも道徳的にも正しいと言いたいわけではない。だが彼のエピソードは、人はたとえどれほど自分の力ではどうにもならない辛い状況に置かれていても、そこにコントロール感を見出し得ることを示している。つまり、状況は自分のものにできなくても、プロセスを自分のものにできるのだ。

「FiletOfFish1066」は、会社の指示に従わなければならない立場なので、仕事の内容そのものは変えられなかった。しかしそこで諦めてしまうのではなく、仕事のやり方を変えようとした。自分の力ではどうしようもないことはたくさんあった。テスト対象のソフトウェアは選べないし、上司が何を優先するかも変えられないし、作業の量も選べない。それでも、与えられた作業をどうこなすか、時間をどう管理するか、ツールをどう活用するかなどは、十分に自分でコントロールできた。そして作業を自動化できることに気づき、8カ月を費やしてそれを実現するためのシステムやプロセスを構築したのだ。

ここには、どんな人生にも活かせる教訓がある。**「何をすべきか」が誰かに決められていても、「それをどうやるか」には必ずと言っていいほど工夫の余地が残されている**ということだ。たとえば、カスタマーサービスの担当者は、会社の方針そのものは変えられないかもしれない。だが、顧客とどう接するかは自分で判断できる。相手のトラブルに耳を傾け、不満に共感し、創造的な解決策を見つけようと努められる。

教師なら、カリキュラムそのものは変えられないかもしれない。しかし、所定の教材を使ってどう教えるかは自分なりの工夫ができる。生徒をやる気にさせるための革新的な方法を探す、楽しみながら学習を深められるような活動を考案する、生徒一人ひとりに合った効果的な指導を心がける、などだ。

工場や組み立てラインで働いている人は、生産目標は変えられないかもしれない。しかし、作業工程に自分の意見を反映させることは可能だ。効率化を推進する、品質問題を未然に特定する、改善の提案をする、などだ。

一見すると「自分にはどうすることもできない」と思えるような状況下でも、主体的な方法で取り組む余地はある。それによって得られる力には、計り知れないものがある。

実験6
「考え方」をコントロールする

内発的動機付けの感覚を高めるための最後の方法は、僕が新米医師時代に身につけたものだ。産婦人科病棟での長い勤務が終わりかけたときのことだ。そろそろ帰る支度をしようと思っていたら、看護師に呼び止められた。「アリ先生、4番ベッドの女性に点滴を打ってもらえますか?」

気持ちが沈んだ。その妊婦の静脈を見つけるのが難しいことはわかっていた。彼女に点滴をするために、あと30分は病院にいなければならないだろう。点滴の準備をしながら、憤りを感じた。あと数分早く病院を出ていれば、この点滴は夜間担当医の仕事になっていたはずだ。本当なら今頃、僕はオーディオブックを聴きながら車で帰途に就き、途中でマクドナルドにでも寄り道していただろう。それなのに、残業してこの面倒な仕事を片付けなければならないのだ。

そのとき、少し離れた病室から別の女性患者が夫と話しているのを耳にした。彼女はこの病院での自分への扱いがいかに素晴らしいか、医師や看護師にどれほど感謝しているかを熱く語っていた。僕は立ち止まった。僕はこれから、自分が学んだ医学的知識と医療技術を駆使して、第一子を妊娠して12週目を迎えている若い女性に点滴を打とうとしている。一晩中水分を与えて、彼女が夜中に吐き気を催さないようにするためだ。そうすれば、彼女は快適にこの夜を過ごせる。それはお腹の中の赤ちゃんの成長にとっても良いことだ。

こんなことで不満を言ってはいられない。これは僕が選んだ仕事なのだ。8年間も医学を学んだのは、目の前で苦しんでいる患者の役に立つためだ。そして今、ようやくそれを実践できるチャンスを与えられている。にもかかわらず、少しばかり仕事時間が増えたからといって、文句を口にしているなんて。

そのとき気づいた。点滴をするかどうかは選べない。でも、考え方は変えられる。

作家のセス・ゴーディンのインタビュー記事を読んで知ったアイデアが頭に浮かんできた。僕は今ここで、しかめっ面をしながら、「なぜ自分がこんなことをしなければならないのだろう？」と苛立ちながら歩き回ることもできる。これも一つの選択だ。その一方で、**「自分はこれをすることを選んだ」と自分に言い聞かせる**こともできる。「これをするチャンスを得た」とか、「これができて幸せだ」とか。「しなければならない」から、「することを選んだ」と考え方を転換させることで、僕の足取りは軽くなった。笑顔で病室に入り、患者に点滴をする準備を始めた。

この方法を用いたのは僕が初めてではない。２０２１年、ある研究者のグループが、「自分の行動をコントロールする」という考えをただ頭に浮かべることが、人の認識や行動にどんな影響を及ぼすかを調べるための独創的な研究を行った。[34] この実験では、被験者全体を無作為に２つのグループに分け、一方のグループには、前日にした行動を３つ、末尾を「選んだ」という形にして文章にするよう求めた。たとえば、「昨日は早起きすることを選んだ」「お昼はインスタントラーメンを食べることを選んだ」「朝、２回目のアラームで起きることを選んだ」などだ。もう一方のグループには、前日にした行動を３つ、ただ書いてもらった。「朝食をとった」「買い物をした」「ジムに行った」などだ。

その後、両グループの被験者は、自分自身についての全般的な質問に答えた。たとえば、「どのくらい筋肉質ですか？」「どれくらいの体力がありますか？」「どれくらい良い体格をしていますか？」といった質問に5段階評価で回答することで、体力面を自己評価した。その結果、事前に「選んだ」という末尾の文章で前日の自分の行動を振り返ったグループの被験者は、対照群と比べて有意に自分が「筋肉質で」「体力があり」「体格が良い」と評価したことがわかった。実験の研究者は、「自分の行動を選択したことへの注目によって、被験者の自我の感覚は大きくなった。（中略）それは、自分は他人よりも優れていて、大きくて、強いという感覚だ」と述べている。

考え方を「しなければならない」から「選んだ」に切り替えるだけで、被験者のコントロール感（パワー）は高まり、結果として自らの能力に対する自信も増したのだ。

誰でも同じことができる。「しなければならない」は、自分の無力さを感じてしまう考え方だ。けれども**「選んだ」と考えれば、自律性が肯定され、パワーが湧き上がってくる。**何かを「しなければならない」と感じたときは、考え直してみよう。そもそもその何かは、自分が選択をしたことで始まったはずだ。その選択を思い出してみよう。そして、「しなければならない」を「選んだ」に変えてみよう。もしどうしてもその行動を自分で選んだと思えないのなら、それへの関わり方を選ぶという発想に変えてみよう。

第二次世界大戦中にアウシュビッツ強制収容所に収容され、生還したオーストリアの精神科医ヴィクトール・フランクルは、これを「人間からすべてを奪うことはできる。だが、1つだけ奪えないものがある。それは、人間に残された最後の自由——どのような状況下でも、自分の態度を決めること——である」と見事に表現している。

この章のまとめ

・「パワー」は一見すると恐ろしい言葉だが、そう捉える必要はない。本書で紹介する2番目の「エネルギー源」はコントロール感（パワー）だが、それは他人をコントロールするという意味ではない。ここでのパワーは、仕事や人生、未来を自分の手でコントロールできるという感覚のことだ。

・今すぐ始められる、コントロール感を高める方法は3つある。まず、自信に注目してみよう。自信は変えられないものだと思われがちだが、実際には極めて柔軟なものである。「自信スイッチ」を入れて、自信に満ち溢れている人を演じてみよう。

・2つ目は、スキルをレベルアップすること。その際に役立つのが、「初心」（もしこの仕事を初めてするとしたら、どんなふうに取り組めるだろう？）と「人に教える」（達人ではなくても、一歩先を行くガイドとして人に教えることはある）だ。

・3つ目は、自分の力ではどうしようもない状況下でも、コントロールの対象になるものを見つけ出すこと。思うようにいかない状況でも、工夫の余地は残されているものだ。作業の内容は選択できなくても、作業の方法は選択できる。目的地は変えられなくても、そこに辿り着くための道筋は選べる。何より、どんなことをするにしても、それをどう捉えるかという考え方そのものは、自分の手の中にあるものなのだ。

第3章
人間関係の力を活用する

一緒に過ごしたり、働いたりするだけで、元気が湧いてきて、「何でもできる」という気持ちになる人がいる。こちらの気分を高揚させ、力を与えてくれる。誰でも、そんな人のそばにいたいと思う。

一方、関わる度にこちらが消耗してしまうような相手もいる。一緒にいると気分が落ち込み、やる気も失せてしまう。誰だってそんな人とは距離を取りたいと思う。

僕の友人は後者の人たちを、「エネルギーの吸血鬼」と呼んでいる。他人から生気を吸い取り、周りを疲れさせる。吸血鬼にたとえるのは少しばかりきついし、空想的かもしれないが、一理はある。

科学者たちはかなり以前から、「関係性エネルギー」の存在、つまり人間関係が人の気分に大きな影響を与えるという事実に気づいていた。[35] 心理学教授のロブ・クロス、ウェイン・ベイカー、アンドリュー・パーカーは、2003年の研究で「エネルギーマップ」という概念を考案した。[36] 彼らは、大手企業数社のコンサルタントや管理職と協力して、従業員がどんな組み合わせで仕事をしているのかや、ある従業員が他の従業員のエネルギーレベルに与える影響を調べた。その結果、こうした大規模な組織でさえ、誰が周りに活力を与えているか（あるいは、周りを消耗させているか）は、従業員のあいだで驚くほど意見が一致していた。近くにいるだけで、周りの人を最悪の気分にさせている従業員がいることもわかった。

それ以来、関係性エネルギーは組織科学で大きな注目を集めた。関係性エネルギーは「他者との交流の直接的な結果として経験される、ポジティブな感情や十全さが高まる感覚」と定義され、2010年にはわずか8件だった研究件数は、2018年には80件近くに増えている。

関係性エネルギーは、本書で紹介する3つのエネルギー源の3番目である「人間関係」を表している。前述した「エネルギーマップ」に関する2003年の研究が示しているように、良い人間関係は僕たちの気分や生産性を高めてくれる。とはいえ、それは簡単なことではない。他人とどう関わるかについて、深い考察が必要だ。この章では、エネルギーを高め、重要なことを多く成し遂げるために、良好な人間関係を築く方法を探っていこう。

人が集まる場を探す

人間関係が良い気分をもたらす効果を理解するために、まず1970年代のグラムロックの世

界を覗いてみよう
新しい10年間が始まろうとしていたこのとき、ブライアン・イーノは平凡な人生に甘んじる道を歩んでいるように見えた。ちょうどウィンチェスター・スクール・オブ・アートを卒業したばかりで、個性的なアート系のロックバンドでドラムを叩いたり、ボロボロのテープレコーダーで風変わりな曲を録音したりと、前衛的な音楽プロジェクトには関わっていた。しかし、それだけだった。それ以外に、人生にとりたてて大きなことは起こっていなかった。イーノはロンドンのロック界で、周りから好かれてはいるが、脇役的な存在として生きていくことになりそうだった。
しかし1971年のある日、地元のミュージシャンとの偶然の出会いがすべてを変えた。イーノが駅で電車に乗り込むと、車内で知り合いのサックス奏者アンディ・マッケイにばったり遭遇した。マッケイは、自分が出演する予定の地元のクラブにイーノを招待した。クラブに到着したとき、会場の雰囲気は最高潮に達していた。観客は興奮してざわめいていた。会場の熱気が、イーノの心をつかんだ。後にマッケイとのこの偶然の出会いについて、イーノはこう回想している。「もしあのとき、ホームで数メートル離れた場所で電車を待っていたら、あるいは電車に乗り遅れていたり、隣の車両に乗っていたりしたら、僕は今頃、美術教師にでもなっていただろうね」
だが、イーノはマッケイとすれ違うことなく、運命の再会を果たした。そして、活気に満ちたエキサイティングな音楽シーンの真っ只中にいた。それからというもの、イーノはこの場《シーン》で出会った人たちと音楽について熱く語り合うようになった。気がつくと、それまでの人生で最高の芸術を生み出していた。ほどなくして、マッケイらと共にグラムロックバンド「ロキシー・ミュージック」を結成し、世界の注目を浴びた。イーノはやがて、20世紀屈指のミュージシャン、音楽プロデューサーとまで称されるようになった。

　数年後、イーノは自らのキャリアをスタートさせるうえで、この特異な音楽コミュニティがいかに重要だったかを回想している。曰く、当時の革新的、画期的なミュージシャンは皆、孤立して仕事をしていなかったという。皆アーティストやプロデューサー、ファンがつくる大きなコミュニティの一員であり、新しいサウンドやアイデアを求めてお互いを刺激し合っていた。イーノはこうした集団的な場《シーン》には天賦《ジーニアス》の力があると考え、それを「シーニアス《scenius》」と呼んだ。

　僕もこの力を、身をもって体験したことがある。医学部時代、学生たちの競争意識がやたらと強いことが嫌だった。誰もが優秀な成績を収め、学術賞や研修医プログラムの枠を得ようと躍起になっていた。なかには行き過ぎた行動に出る者もいた。たとえば僕の知り合いの学生は、図書館で同じ専門書を何冊も借りて、その間、同級生がその本を借りられないようにしていた。このような環境に身を置いていると、人生は食うか食われるかのゼロサムゲームのように感じられてしまう。自分が勝つためには、他の人を蹴落とさなければならないと思えてくる。

　けれども、僕はやがて学んだ。競争すること以外にも、同じ立場にいる人たちと関わる方法はある。医学部は戦いの場ではなかった。僕たちは仲間であり、皆同じコミュニティの一員なのだ。

その事実を理解すれば、一人でいるだけでは決して手に入ることのない、豊かな支えが得られるようになる。

実験1
「仲間意識」の力を活用する

では、この集団の力がもたらす感覚を日常生活の中に取り入れるにはどうすればいいのだろうか？ まずは、「チームワーク」の意味を見直すという小さな変化から始めてみよう。「チームワーク」という言葉からは、作業を公平に分担したり、誰かが行き詰まったときに助けたりといった「行動」を思い浮かべるかもしれない。もちろん、それはこの言葉の意味として正しい。しかし、それだけではない。チームワークは、何かを実際にすることだけではなく、そのことをどう捉えるかという「考え方」にも深く関わっているのだ。

このことを提案したのは、**「チームワークは、作業を分担するのと同じくらいの心理的な状態である」**と主張している、スタンフォード大学のグレゴリー・ウォルトン教授とプリヤンカ・カー教授だ。[37] 2人は2014年に発表した研究で、まず被験者35人を3人から5人の小グループに分けた。被験者たちはこの小グループ内で自己紹介をした後、一人ずつ実験室に案内された。室内では研究者からパズルを与えられ、必要なだけ時間をかけて解いてもいい（あるいは途中で諦めてもいい）と伝えられた。

被験者は、数分間パズルに取り組んだ後で、手書きのメモを渡された。そこには、パズルを解くためのヒントが書かれていた。ヒントの内容はどの被験者に対しても同じ（かつ、とても役に立つもの）だったが、1つ重要な違いがあった。メモを手渡す際に、一方の被験者群には「これは実験を行っている研究者があなた宛てに書いたものです」と伝え、もう一方の被験者群には、「これは先ほどの小グループのメンバーがあなた宛てに書いたものです」と伝えたのだ。

このわずかな違いが、被験者の実験に対する感想に大きな影響を与えた。研究者からヒントを与えられたと告げられた被験者は、小グループ内のメンバーとはまったく別に作業に取り組んでいると感じる傾向が強かった。「この実験ではどんなことをしましたか？」と尋ねると、「一人でパズルを解いた。同時に、他の人も同じパズルを解いていた」という回答が多く見られた。つまり、一緒にではなく、個別にパズルを解いていると感じていた。

一方、小グループ内のメンバーからヒントを与えられたと告げられた被験者は、他のメンバーとチームを組んでいるように感じる傾向が強かった。彼らは、「お互いにヒントを教え合い、その場にいないパートナーと協力してパズルを解こうとしていた」と感じていた。パズルを解いている最中にどんな気持ちだったかを尋ねると、「他のメンバーに迷惑をかけないように、頑張ってパズルを解かなければという義務感を覚えた」という回答が多く見られた。つまり、個別にではなく、一緒にパズルを解いていると感じていたのだ。

このわずかな考え方の違いは、驚くべき効果をもたらした。「一緒に」のグループの被験者は、

ライバルのマインドセット	仲間のマインドセット
「私の勝ちは、あなたの負け」	「私も勝ち、あなたも勝つ」
「私の成功」	「私たちの成功」
「他人を押しのけて成功する」	「他人を引き上げて一緒に成功する」

パズルに取り組む時間が48%も長かった。彼らは、小グループ内のメンバーに仲間意識の感覚を抱いていた。その結果、パズルを解く確率も高くなったのだ。

「個別に」から「一緒に」という考え方の違いは、ごく小さなものに思えるかもしれない。しかし、その効果は絶大だ。これが、本章で紹介する、人間関係がもたらす効果を利用するための、1番目の方法になる。一人で仕事をしている場合でも、「私はチームの一員だ」と自分に言い聞かせることで、この効果の恩恵が得られる。そして、その実践はびっくりするくらいに簡単だ。

コツは、一緒に働いているチームのメンバーのことを意識的に頭に浮かべることだ。上の表を見てほしい。左側の列から右側の列へと発想を切り替えるのが、たやすいことがわかるはずだ。相手をライバルではなく、仲間と見なそう。社会人なら、同僚とお互いにやる気を高め合えるような関係をつくれるし、学生なら、同級生とノートを交換したり、何人かで復習したりといったことができるだろう。

ウォルトンは、「『チームの一員としてタスクに取り組んでいる』と感じるだけで、人は物事に意欲的にチャレンジできるようになる」と結論付けている。つまり、**難しい何かに挑むときは、自分の失敗を喜ぶライバルがいるよりも、頼れる仲間がいるほうがはるかにいい**ということだ。

実験2
他人と「同期」する

もちろん、一緒に何かをする相手を見つけるのが難しいときもある。同じ大学の構内にいる誰かであっても、チームの一員と見なしにくいこともある。ましてや、遠く離れた場所にいる誰かならなおさらだ。同僚や同級生の存在が、面倒だと感じることもある。

そんなときに使えるのが、これから紹介する2番目の方法だ。僕はこれを、カナダのライアソン大学〔2022年にトロント州立大学に名称変更〕の研究者3人による、実に巧妙な研究によって知った。この2017年の実験では、学生の被験者約100人を対象にして、チームワークがもたらす効果を調べた。[38] 被験者は6人ずつのグループに分けられ、個々にヘッドフォンを与えられ、聞こえてくる音楽のビートに合わせて手でテーブルを叩くように求められた。1番目のグループでは、全員に同じ音楽のビートを聞かせた。その結果、全員が同じタイミングでテーブルを叩いた。2番目のグループでは、3人ずつ2つのサブグループに分け、サブグループごとに同じ音楽を聞かせた。その結果、3人のサブグループがそれぞれ同じタイミングでテーブルを叩いた。3番目のグループでは、6人全員にそれぞれ異なる音楽を聞かせた。その結果、全員がバラバラのタイミングでテーブルを叩いた。

その後、ヘッドフォンを取り外した被験者に、10枚のメダルを与え、「このメダルは後で本物の現金と交換します。10枚すべてをグループ内のメンバーに配ってください」と指示した。被験者は、誰にメダルを渡すのだろうか？

研究者が興味を持っていたのは、「同期」した被験者間にどれくらいの仲間意識が生じていたかだった。その結果、同じタイミングでテーブルを叩いたことで、極めて大きな影響が生じていたことがわかった。2番目の3人組のサブグループで同期した被験者は、その3人組のメンバーにメダルを配ろうとした。そして、1番目の6人全員で数分間のみ同じ音楽に合わせてテーブルを叩いた場合、被験者は6人全員にメダルを配ろうとする確率が高くなった。

この実験の結果は、人間関係がもたらすフィールグッド効果とどう関係しているのか？ それは、チームワークを生み出すための効果的な方法を教えてくれる。他人と同期して仕事をすると、生産性が高まる。なぜなら、**一緒に仕事をすることで、仲間の役に立ちたくなり、自分自身の意欲も増す**からだ。

その意味するところは単純だ。人間関係のフィールグッド効果を活用するには、同期しながら作業ができる人を探すことだ——同じ作業を一緒にしていない場合でもいい。僕はこの本の執筆中、「ロンドン・ライターズ・サロン」というウェブサイトをよく利用した。このサイトには「ライターズ・アワー」という無料のリモート・コワーキング・グループが運営されている。平日は毎日4回、数百人のライター（ライター以外の人もいる）がＺｏｏｍのビデオ通話に参加する。まず、ファシリテーターが5分間、執筆意欲を高めるようなメッセージを語り、参加者にオンラインチャットでこの執筆セッションの目標を投稿してもらう。その後は50分間、全員がＺｏｏｍのウィンドウを最小化し、コンピュータに向かって執筆に励む。

こうした同期のセッションは、活力を保つためにとても役立っている。各人の作業の内容が違っていても、誰かと同じタイミングでそれに取り組むことで、集中力は高まり、気分も良くなる。

「ヘルパーズ・ハイ」を感じる

僕はこうしたオンラインでのライティング・セッションを通して、別のことに気づいた。セッションに参加し始めてからしばらくすると、グループ内に顔見知りができた。やがて、Ｚｏｏｍの使い方を教え合うためにメッセージをやり取りするようになった。それをきっかけにして、僕は人間関係エネルギーの違う側面に気づいた。助け合いがもたらす効果だ。

この効果を誰よりもよく理解している人物に、アラン・リュクスがいる。[39] リュクスは、主にひとり親の家庭で育つ子どもや若者たちに大人のボランティアがメンターになって1対1で支援活動を行う福祉団体「ビッグ・ブラザーズ・ビッグ・シスターズ」のニューヨーク市支部の代表で、同市の若者の生活向上をサポートする献身的な活動をしている数千人ものボランティアやスタッフを取りまとめている。ボランティアやスタッフの苦労は大きく、精神的に滅入ってしまうことも少なくない。支援の対象となる子どもや若者は、犯罪や依存症、自殺に至るまで、様々な家庭の問題に苦しんでいることが多い。リュクスは、メンターシップは重要であり、子どもや若者に良い影響を与えるものであるという熱い信念を持っている。とはいえ、その活動の苦労は並大抵のものではなかった。

それでも、「ビッグ・ブラザーズ・ビッグ・シスターズ」での活動が数年目を迎えた頃、リュクスは意外なことに気づき始めた。たしかに、ボランティアたちが、支援活動を通じて疲れ、動揺することはあった。だがそれよりも、むしろ団体の活動を通して、高揚感を味わっていたのだ。それは、特に厄介なメンタリングセッションを終えた後でさえも当てはまった。リュクスは、誰かを助けるという行為が、助けられる側の子どもたちだけではなく、助ける側のボランティア自身の人生をも変え得ることを理解するようになった。

この現象に興味をそそられたリュクスは、それから数年間にわたり、人助けをした経験のあるボランティア数千人にインタビューした。ボランティアたちは、奉仕活動をすることを選んだ大きな理由は、素晴らしい気分になれるからだと答えた。全体の95%が、奉仕活動の結果、幸福感や充実感、活力が増したと報告していた。

なぜだろう？　リュクスの調査によれば、それは人を助けると脳から大量の化学物質が放出され、自然にハイな状態になれるからだという。人を良い気分にさせるオキシトシンのようなホルモンが体内を駆け巡り、ポジティブなエネルギーを生み出す。それは誰かを助けた後も、数時間、あるいは数日後も持続することがある。

リュクスは、この「ヘルパーズ・ハイ」が単に、良い気分をもたらすだけではないと気づいた。それは**人間的成長や社会変革のための強力な手段になる**のだ。これが、良い人間関係によってフィールグッド・プロダクティビティを高めるための2番目の方法だ。

実験3 チャンスを見つけたら、すかさず親切な行動を取る

医師として働いていた頃、僕は診察の合間に空き時間が数分できると、必ずと言っていいほど給湯室に行き、紅茶を淹れた。

ある面では、これは単なる利己的な行動だ（ちなみに僕は、自分がイギリスを代表するほどの紅茶通だと自負している）。けれども僕は、チームのみんなのことも忘れていなかった。給湯室に行く途中、看護師室を覗いて、「ついでに紅茶を淹れてほしい人はいる？」と尋ねるようにしていたのだ。

このちょっとした行為が、チームの士気を格段に高めた。新型コロナウイルスのパンデミックの真っ只中、ベテラン看護師のジュリーに紅茶を飲まないかと尋ねたときのことを鮮明に覚えている。彼女はまるで、宝くじの当選券でも差し出されたかのように嬉しそうな顔をした。安物のティーバッグとお湯とミルク（紅茶はこの順番で淹れるのがポイントだ）だけで、こんなにも誰かを喜

ばせられるのだ。

こんなふうに、思いついたときに周りにいる人に親切な行為をすることで、ヘルパーズ・ハイは日常生活に取り入れられる。ひとまず自分の仕事を脇に置いて、誰かの役に立つことをする。それだけで、エンドルフィンが分泌され、自分自身の意欲も高まるのだ。

もちろん、紅茶を淹れること以外にも、こうした小さな親切をする方法はある。それは時や場所を選ばない。職場で周りの人がつまらなそうにしていたり、少し疲れているように見えたりしたら、昼食はデスクで一人サンドイッチをつまむのではなく、相手をランチに誘ってみよう。

スーパーマーケットでレジの列に並んでいるとき、後ろにいる人が辛そうにしていたら（たとえば、幼い子どもを連れていて、買い物をするのが一苦労という空気を発していたら）、順番を譲ってあげよう。

誰かから親切な行為をされた（たとえば、ちょっとした用事を代わりにしてくれた）ときは、後で礼状を渡してみよう。

他にもいくらでも方法はある。同僚に飲み物を奢る。友人にあらためて日頃の感謝の言葉を伝える。見知らぬ人に道を譲る。どれも、ほんの些細な行為だ。だがそれが、大きな変化を生むのだ。

実験4
誰かの力を借りる

ヘルパーズ・ハイはまた、人に助けを求めることが、一般的に思われているような、相手にとっての「負担」ではなく、実際にはむしろ「贈り物」になり得ることを教えてくれる。

若き日のベンジャミン・フランクリンも、このことを、身をもって経験した。[40] 米国建国の父と呼ばれる彼は、その84年間の人生を通じて、国政の本質について哲学的に思索し、フィラデルフィア初の消防署を設立し、米国独立宣言に署名するなど多彩な才能を発揮した。しかし、1737年当時は、まだ名声もなく、前途に不安を抱えている人間にすぎなかった。フランクリンはペンシルベニア州議会で再選を目指していたが、自分と正反対の意見を持つライバル議員に事あるごとに批判されていた。2人は対立し、険悪な関係だった。

フランクリンはなんとかしてこの男に悪評を立てられるのをやめさせたかった。このままでは、再選が危うい。しかし、ことごとく意見が対立する相手を、どうやって味方につければいいのだろう？　フランクリンは自伝で、その答えは〝本を借りること〟だったと述べている。「彼の書斎に、希少で興味深い本があることを知った。そこで、その本をぜひ読みたいので、数日貸してもらえないだろうか、という旨の手紙を書いた」。すると、なんとその宿敵はすぐに本を送ってきてくれた。フランクリンは、心からその本を楽しんだという感想を書いたメモを添えて、本を返却した。

この小さな出来事が、2人の関係を一変させた。「次に議会で会ったとき、彼はとても礼儀正しく話しかけてきてくれた。そんなことはこれまでに一度もなかった。それ以来、彼はあらゆる機会で私を援護してくれるようになった。我々は親友になり、その友情は彼が亡くなるまで続いた」

一冊の本を貸し借りするという一見すると小さな行為が、フランクリンとそのライバルの関係を根底から変えた。本を貸してほしいという申し入れに驚いたライバルは、フランクリンをそれまでとは違う目で見るようになった。「自分と意見の合わない人を助けた」という事実を受け入れるためには、その相手に自分が好意を持っていると解釈しなければならなかった。その結果、その男のフランクリンに対する態度は良い方向に変わり始めたのだ。

「誰かに助けを求めると、その相手から好かれやすくなる」というこの現象は、今日では「ベンジャミン・フランクリン効果」と呼ばれている。これは、他人を助けることによって生じる気持ちの変化を、逆の立場から見たものだ。つまり、**人に助けを求めることは、自分が助かるだけではなく、相手の気分を良くするのにも役立つ**のである。

だが残念ながら、たいていの人は、誰かに助けを求めるのが苦手だ。たとえば、職場で同僚に尋ねればわかることを、質問すれば相手の迷惑になるかもしれないと思い、自力で解決しようとする。あるいは、学校で授業の内容がわからず悩んでいても、バカにされるのが怖くて隣の人や教師に助けを求められない。

では、相手に嫌がられることなく、こちらに好意を持ってもらえるような形で人に助けを求めるには、どうすればいいのだろうか？

ポイントは3つある。1つ目は、助けを求めるのをためらう気持ちを克服することだ。そのための簡単な方法は、**「人は、あなたが思っている以上に誰かを助けたいと思っている」ことを忘れない**ことだ。本章ではこれまで、人を笑顔にしたり、教えたり、指導したりすると、自分が元気になることを繰り返し述べてきた。だが現実的には、「こちらから求めれば、人は意外なほど喜んで助けてくれる」という事実は、世間ではあまり知られていない。研究者のフランシス・フリンとヴァネッサ・ボーンズによれば、人は他人が協力してくれる可能性を最大50％も低く見積もる傾向がある。[41]

2つ目は、適切な頼み方をすること。大切なのは、できる限り直接会って助けを求めること。SNSやメールで頼むと、相手が助けてくれる確率は下がる。ボーンズは2017年の研究で、「依頼者は、メールで依頼をするのは、直接顔を合わせて依頼するのと同等の効果があると考えていた。しかし実際には、対面で依頼をするほうが約34倍も効果があった」と述べている。[42]

3つ目は、適切な言葉を用いること。「こんなことを頼むのは本当に申し訳ないのだけれど……」といった否定的な表現は使わない。また、「もし助けてくれたら、代わりにこれをしてあげるから」といった取引のようなものにしてもいけない。代わりに、なぜその相手に助けを求めているのかについてのポジティブな理由を強調しよう。「あなたのX、Y、Zの作品を見て、強い感銘を受けました。A、B、Cをどのようにつくったか、ぜひ伺いたいのです」というふうに。ポジティブな側面に目を向けることで、相手は自分の意見が尊重されていると感じる。その結果、アドバイスをしてくれる可能性が高まるのだ。

このように、相手の気分を良くすることが大切だ。適切な方法で助けを求めれば、助けられる側だけではなく、助ける側も良い気分になれる。ベンジャミン・フランクリン効果を活用するには、まず相手のためを思って、できる限りのことをしてみることだ。

オーバー・コミュニケーションを心がける

起業した当初、僕が一番苦労したのはコミュニケーションの方法だった。正確に言うと、相手にどれくらい情報を伝えればいいかということがわかっていなかった。

もちろん、情報共有が重要なのは知っていた。でも、コミュニケーションの量については深く考えていなかった。その後、僕のコミュニケーションの不味さのせいで長いあいだ苦しんでいたチームからの有益な指摘のおかげで、ようやく気づかされた。僕は、高圧的だと見なされるのを恐れるあまり、十分なコミュニケーションをしていなかったのだ。良いことも悪いこともしっかりと伝えなければならなかったのに、チームのメンバーが本当に望んでいる情報を、伝えていなかった。これは僕に限らず、広く一般的に見られる現象だ。人は、必要なコミュニケーションの量を少なく見積もってしまいがちなのだ。

人間関係をテーマにした本の大半は、「コミュニケーション」の重要性に注目している。けれども前述の理由から、本章では「オーバー・コミュニケーション」の重要性に目を向けてみたい。人は、**十分なコミュニケーションをとっていると思っていても、実際はそうではない場合がほとんど**だ。伝えたことをこちらが思っているのとは違う意味で解釈されることもあるし、そもそも背景となる情報や理解のレベルが相手とは違っている場合もある。

オーバー・コミュニケーションとは、相手に情報を伝えるとき、必要最低限の量ではなく、やや過度だと思えるくらいの量を意識することを指す。結果的に、それが適切な情報量である場合が多い。では、具体的にはどうすればいいのだろうか？

実験5
良いことをたっぷりと伝える

「喜びは分かち合うと倍になり、悲しみは分かち合うと半分になる」というスウェーデンのことわざがある。嬉しい出来事を誰かに伝えれば、お互いが幸せになれる。悲しみを誰かに伝えれば、辛い気持ちは和らぐ。

オーバー・コミュニケーションを実践するには、**良い出来事を伝えたり、伝えられたりするときに、前向きで元気が出るようなコミュニケーションを心がける**ことだ。これは、情報を伝える人と伝えられる人の両方にメリットをもたらす。伝える側にとっては、良い出来事を誰かに話すという単純な行為によってポジティブな感情や幸福感が高まる。受け取る側にとっては、相手の報告に誇りや喜びを表現することで、交流が活気づき、関係も良好になる。

心理学では、このようなポジティブな交流によってお互いがメリットを得ることを、「キャピタライゼーション」と呼ぶ。ある論文によれば、キャピタライゼーションは2つの要素から成っている。[43]

1つ目の要素は、誰か（伝え手）がポジティブな出来事とそれに付随するポジティブな感情を通して、誰かとつながろうとすることである。たとえば、友人のところに行き、「ねえ、やっと念願の昇給が決まったよ！」と言うことだ。

2つ目の要素は、朗報を聞いた人（受け手）が、熱意や興奮を持ってポジティブな方法で反応することである。たとえば、「わあ、それは良かった！　昇給のためにずっと頑張っていたもんね！」と答えることだ。

簡単な話だと思うかもしれない。だが、必ずしもそう単純ではない。というのも、カリフォルニア大学の心理学教授シェリー・ゲーブルによれば、良い知らせに反応する方法は無数にあり、そのすべてがポジティブなものではないからだ。これらは2つの軸で分類できる。1つは、その反応が能動的か受動的か、もう1つは、その反応が建設的か破壊的かだ。

ある日、同じアパートで共同生活をしている友人が帰宅し、「これまでの懸命な努力が実り、望んでいた会社から内定をもらった」と告げられたとする。その場合の反応は、図に示した4つに大別できる。

ゲーブルらは、能動的で建設的な方法で良い知らせに反応することで、伝え手の幸福感が高まり、受け手との関係が深まることを発見した。2006年の研究では、デート中の79組のカップルの様子を動画に撮影して、良い知らせと悪い知らせをどのように伝え合っているかを調べた。[44] その結果、パートナーの良い知らせにどう反応したかが、そのカップルがどれくらい長く一緒にいるかや、その関係にどれだけ満足しているかに大きく影響していることがわかった。

だから、誰かの成功を祝えることは重要なのだ。そのための最善策は、良い知らせに対して能動的かつ建設的な反応をすることだ。幸い、これは学ぶことができる。まずは、相手の朗報に共感し、心からの喜びを表現することだ。「本当に良かったね！」「すごく嬉しいよ！」といったフレーズを試してみよう。

次に、その成功に至る努力をしっかりと見守ってきたと相手に伝えてあげよう。面接の準備に熱心に取り組んでいたことや、何週間も試験勉強をしていたこと、その結果を強く望んでいたことを、自分はわかっていると告げるのだ。

何よりも、この良い知らせは相手の将来にとって良いものになるはずだと伝えよう（ただし、過度な期待をして相手にプレッシャーを与えないようにすること）。相手が夢の仕事を始めたばかりなら、「これからが楽しみだね！」と伝えよう。退屈な仕事を辞めて起業した人がいたら、その挑戦に

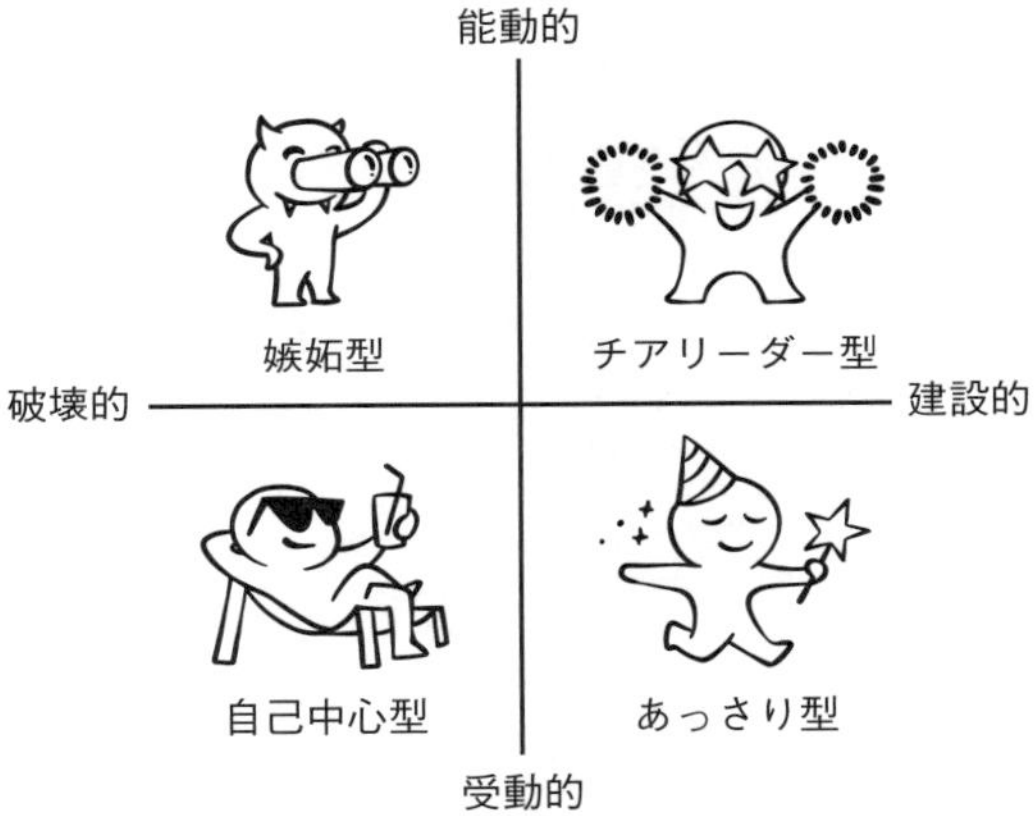

- **チアリーダー型**――能動的で建設的な反応。たとえば、「わぁ、すごい！ これまでそのために一生懸命頑張ってきたんだもんね。必ずうまくいくと思っていたよ！」と喜びを露わにする。
- **あっさり型**――受動的で建設的な反応。たとえば、優しくうなずいて微笑んでから、「それは良い知らせだね」と淡白な態度を取る。
- **嫉妬型**――能動的で破壊的な対応。たとえば、「つまり、これからは忙しくなって、夜や週末に一緒に遊べないってこと？」と同居人の成功を貶めるような態度を取る。
- **自己中心型**――受動的で破壊的な反応。たとえば、同居人の良い知らせを無視して、「今日、信じられないことがあったんだ」と自分の話をする。

とてもワクワクしていると言ってみよう。

良い知らせに対しては、できる限りポジティブで、高揚感のあるオーバー・コミュニケーションで反応しよう。**オーバー・コミュニケーションは、相手の気分を高めるだけではなく、自分自身への刺激にもなる。**

実験6
良くない知らせをオーバー・コミュニケーションで伝える

人間関係のフィールグッド効果を活用するためには、良い知らせだけではなく、悪い知らせをうまく伝える方法も学ばなければならない。残念ながら、これが得意な人は多くない。

問題は、人間は嘘をつく生き物だということだ。人は、毎日嘘をつく。正確に言えば、毎時間嘘をついている。マサチューセッツ大学の心理学者ロバート・フェルドマンが2002年に行った研究によれば、約10分間の会話中、被験者の6割は1回以上嘘をついていた。[45]

もちろん、嘘の内容は様々だ。そのほとんどは取るに足らないもので、善意から生まれるものだ。たとえば、友人が着ている新品のトレーナーを、自分の好みではないのに「すごくいいね」と褒めたり、母親がつくったローストチキンを食べながら、「全然パサパサなんてしてないよ」と本心とは逆のことを言って安心させたりする。

しかし、嘘にはマイナス面もある。たとえそれが善意からのものであっても、生理的な影響が生じるのだ。嘘をつくと、「闘争・逃走（戦うか逃げるか）反応」を引き起こす脳の領域である大脳辺縁系が活性化される。正直に話しているときは、脳のこの領域の活動は最小限に抑えられている。だが、嘘をつくと花火が打ち上げられたみたいに活性化する。

なぜ人はこんなにも嘘をつくのかというと、正直でいると損をしているように感じられることが多いからだ。つまり、あまりにも正直なことを言えば、嫌な奴だと思われるかもしれない。だがその一方で、正直なことを言えずに、納得できない状況を受け入れるのも辛い。だから、不要な嘘をつくことなく、悪いことを伝えなければならない。これは、オーバー・コミュニケーションを実践しようとする人にとっては厄介な問題だ。どうすればいいのだろう？

作家でCEOコーチのキム・スコットによれば、解決策は「正直」(honest) ではなく「率直」(candid) になることだ。[46] 彼女は著書『GREAT BOSS：シリコンバレー式ずけずけ言う力』（東洋経済新報社）で、真に率直であることは、相手を十分に気遣いながら、当該の問題について本心から意見を述べることだと書いている。それは、意見の違う相手を個人的に攻撃することでも、自分が正しいと思い込むことでも、頭に浮かんだことを何でも口にすることでもない。**率直であるとは、相手を非難せずに自分の意見を素直に述べることであり、自分の考えをそのまま相手に示す**ことなのだ。

「正直」ではなく「率直」を心がけることには、いくつかの利点がある。「正直」という言葉には、「私は真実を知っている」という意味合いがあり、相手をうんざりさせるような道徳的な響きを伴うことが多い（僕はカードを使った自分の手品を、学生時代の友人ジェームズにバカにされ、「正直に言っただけだよ」と告げられたときの悔しさを、今でも忘れていない）。「正直に言わせてほしい」と言うとき、そこには「私は正しいことを知っている。これからそれをあなたに教えてあげよう」というような含みがある。けれども人間関係では、真実がはっきりしないことが多いものだ。自分にとっては厄介な存在でしかない上司が、客観的に見て悪い上司だとは限らない。誰かにとっては良い上司かもしれない。あるいは、その上司はプライベートで問題を抱えていて、それがあなたへの態度に悪影響を及ぼしているかもしれない。

対照的に、率直であることは、自分が真実を知っていることを前提としない。率直であることは、「私はこう考えています。話を聞いて、力になってくれますか？　一緒に問題を解決したいのです」と相手に伝えることだ。

では、率直に意見を述べ合えるような空気をつくるには、どうすればいいのだろうか？　相手の気分を台無しにせずに、ネガティブな意見も伝えられるような雰囲気を育むには？　ここでは、そのための3つのステップを紹介しよう。

1つ目のステップは、**客観的で中立的な言葉を用いる**こと。「あなたはとんでもなく無礼な人間だ」と言うよりも、「あなたは会議の最中、他の人が話すのを何度か遮っていましたよ」と伝えるほうが、はるかにいい。「あなたは間違っている」とか「あなたは無能だ」と言われると、相手は攻撃されていると感じ、身構えてしまう。このように主観に基づいて相手を批判するのはよくない（当然、それは相手の神経を逆撫でする）。相手を個人的に攻撃するのではなく、問題になっている事実そのものに目を向けよう。

2つ目のステップは、**問題によって生じた具体的な結果に目を向ける**こと。ここでも、主観を優先させるのは禁物だ。観察したことの結果を、事実として示そう。たとえば、「あなたが会議で人の意見を遮ったことで、その後の議論が続かなくなりました。会議では、いろんな人が自由に意見を述べられるようにすべきではないでしょうか」と伝えてみよう。

3つ目のステップは、**問題ではなく解決策に注目する**こと。問題を指摘するだけではなく、代替案を提示しよう。たとえば、「これからは、他の人が話し終わるのを待ってから、あなたの考えを述べるようにしてもらえませんか」や「次回からは、相手の意見に興味はあるけれど、同意できないかもしれないことを示すために、相手に質問をしてみてはどうでしょう。質問をすれば、相手からもっと良い反応が返ってくるかもしれないし、協力もしやすくなると思います」。代替案を提示すれば、相手は個人的な批判をされていると感じにくくなるし、議論を解決策に向かわせやすくなる。

この3つのステップに従うことで、良くない知らせをオーバー・コミュニケーションするのが簡単になる。悪い知らせを伝えるときでも、相手とのつながりを深め、お互いに良い気分になることは可能なのだ。嘘をつく必要はない。

この章のまとめ

・仲間がいれば、人生はもっと楽しくなる。「活力を高める」ための3番目のエネルギー源は、「良い人間関係」だ。一緒にいるだけで、こちらの気分を高めてくれる人がいる。そういう人たちをうまく見つけ出すことだ。

・まずは、チームプレーヤーになることから始めよう。一緒に仕事をしている人を、ライバルではなく仲間と見なそう。

・良い人間関係は人を助けることでも育める。助けることも、助けを求めることも少ない人が大半ではないだろうか。「誰かの1日を明るいものにするために、自分にできることは何だろう?」と自問してみよう。

・自分では十分だと思っていても、たいていはコミュニケーションの量が足りていないものだ。こちらが一言伝えるだけで、相手の1週間が楽しいものになるかもしれない。伝えるべき情報はないか、考えてみよう。

第2部

障害物を取り除く

第4章

明確さを求める

「How Bad Do You Want It?」（あなたはそれをどれくらい強く求めているか？）というタイトルの、怪しげな動画を見たことがある。[47] その動画は、これまでに約5000万回も再生されている。

この動画は、ある若者が正体不明の高齢の教祖《グル》のもとを訪れ、金持ちになる方法について助言を求めるという物語を描いている。教祖は答えを教えるために、若者に翌日、浜辺に来るようにと告げる。

翌朝午前4時、若者が浜辺に到着すると、教祖は「水の中を歩きなさい」と言う。若者は指示に従い、沖に向かって浅瀬を歩いていく。「そのまま歩き続けなさい」教祖は言う。若者はさらに歩き続ける。「もっとだ」と教祖は言う。若者は頭が完全に水の中に沈むまで歩き続ける。気がつくと教祖がそばにいて、若者の頭を上から水の中に押さえつけている。若者は激しくもがくが、教祖は容赦しない。若者が危く溺れ死にそうになったところで、教祖はようやくその手を緩める。若者が大きく息を吸い込むと、教祖は「今、息をしたかったのと同じくらい成功したいと願えば、お前は成功できるだろう」と言う。

この動画にはツッコミどころがたくさんある。この怪しげな教祖はいったい何者なのか（そもそも教祖と呼ぶにふさわしい人間なのか）？　なぜ若者は、会ったばかりの教祖の言うなりになって海に向かって歩いていくのか？　とりわけ不思議なのは、この動画に2万件ものコメントがついていて、そのほとんどが「人生が変わった」と絶賛していることだ。

現実離れしているし、どこか気が滅入ると感じる動画だ。でも、僕がこれを初めて見たのは、深刻な「先延ばし病」にかかって苦しんでいたときだった。だから、この動画が役に立つかもしれないと思った。新米医師として働きつつ、同時に個人的なビジネスを始めた当初、僕はどんなに頑張っても、「やらなければならないことをぎりぎりまで先延ばしして、最後の最後で慌ててやっつける」という悪循環から抜け出せずにいた。それは僕だけの問題ではない。とてつもなく偉大な人物でさえ、先延ばしに苦しむことがある。たとえば、レオナルド・ダ・ヴィンチが『最後の晩餐』を描いたとき、近くでそれを見ていた同時代の人物は、「ダ・ヴィンチは何日間も筆に触れようとしなかった。毎日何時間も作品の前で腕を組み、独り言をつぶやきながら、これから描こうとする肖像画について考えていた」と述べている。

本書の第1部では、活力を高める3つの要素、「遊び心」（Play）、「コントロール感」（Power）、「良い人間関係」（People）について説明した。この3つの「P」は僕たちの仕事や生活を快適にし、エネルギーを高め、重要なことを多く成し遂げるのに役立つ力だ。けれども、それだけですべてがうまくいくわけではない。僕は自分のビジネスが大きくなるにつれて、この3つの「フィールグッドの素」を生活に取り入れても、もう1つの「P」、すなわち「先延ばし」(Procrastination)のせいで、行き詰まることがあると気づいた。

先延ばしに悩まされているときは、この怪しい動画が示しているような「手っ取り早い解決策」にすがりたくなる。この動画は、物事を先延ばしにするのは、やる気が足りないからであり、十分なモチベーションがあれば——息をするのと同じくらい成功したいと願っていれば——それは実現すると謳っている。

僕はこの先延ばしの解決策を「やる気法」と呼んでいる。同じようなアドバイスはいろんな場所で目にする。だが、どれもまったくのナンセンスだ。

「やる気法」の問題点はごく単純だ。心から望んでいるにもかかわらず、それを成し遂げられない人はたくさんいる。十分な意欲があっても、目の前にそれを妨げる壁が立ちはだかっているのだ。時間的・経済的な制約、家庭での役割、肉体的・精神的な問題など、その理由は無数にある。つまり、やる気だけでは不十分なのは明らかだ。「もっとやる気を出せ」と言うのは、効果がないだけでなく、先延ばしの原因である停滞感を助長しかねないために有害ですらある。

では、どうしてもやる気が出ないときは、どうすればいいのだろうか？　やる気だけで問題を解決することにこだわらないアドバイスは、「規律」(dicipline)に向かう。規律とは簡単に言うと、やりたくないことを、無理をしてでもやることだ。これは、やる気とは正反対のものだ。つまり**規律とは、どんなにやる気がなくても行動すること**なのだ。たとえば今からランニングをするかどうかで迷っているとき、「やる気」の解決策は、「マラソンでいいタイムを出したいから、頑張って走ろう」と自分に言い聞かせることだ。一方、「規律」の解決策は、「どんな気分であろうと、迷わず走る」と自分に言い聞かせることだ（「ジャスト・ドゥ・イット」というナイキのキャッチフレーズのような考えに近い）。

僕は個人的に、どちらかというと「やる気法」よりも「規律法」に共感する。規律は役に立つことがある。朝、仕事がしたくないときにそれでも働こうとするのは、たぶん規律の力なのだろう。

しかし、規律だけではすべてを説明できない。人前でスピーチをしなければならないのに原稿を書くのを先延ばしにしてしまうのは、規律が足りないからとは限らない。水面下で何か別のことが起こっていて、それが妨げになっているかもしれないのだ。心理学者のジョセフ・フェラーリの言葉を借りれば、「慢性的に先延ばしにしている人に〝とにかくやれ〟と言うのは、うつで苦しんでいる人に〝頑張れ〟と言うのと同じ」なのだ。[48]

やる気と規律は役に立つが、それは傷口に絆創膏を貼るような応急処置にすぎない。治癒に役立つこともあるが、怪我をした根本的な原因は変えられない。

では、古くから人々を悩ませてきた先延ばしという問題に、効果的な対処策があるのだろうか？　ここで登場するのが、「やる気法」「規律法」に続く3つ目のアプローチだ。僕はこれを、障害物（ブロック）を取り除くという意味の、「アンブロック法」と呼んでいる。

「やる気法」では、その行動をやりたくなるように自分を奮い立たせることが勧められる。「規律法」では、自分の気持ちを無視してとにかく行動することが勧められる。「アンブロック法」では、**そもそもなぜ自分がその行動に取り掛かれないかを理解し、その原因を取り除くこと**が勧められる。

靴の中に小石が入っていて、走ると足がひどく痛くなるとしよう。しかし、夕食に間に合うように友人の家に行かなければならない。時間通りに到着するには走っていかなければならないが、走れば足が痛くなるのを知っている。こんなとき、どうすればいいだろうか？

1つ目の解決策は最も簡単。「何もしない」こと。その場から動かず、ただ時間が過ぎるのを待つだけ。ただし友人が用意したせっかくの夕食は無駄になるし、もう二度と招待されないだろう。

2つ目の解決策は「やる気法」。「夕食会はすごく楽しいはずだから、痛みに耐えて走っていく価値がある」と自分を納得させる。痛みを無視して目的地に向かって走るが、途中で思わず倒れてしまう。足を見るとひどく腫れているが、そんなことは気にしない。やる気さえあれば、どんな障害も乗り越えられるからだ。

3つ目の解決策は「規律法」。友人とのディナーを約束したのは自分だし、約束はきちんと守

先延ばしの解決策

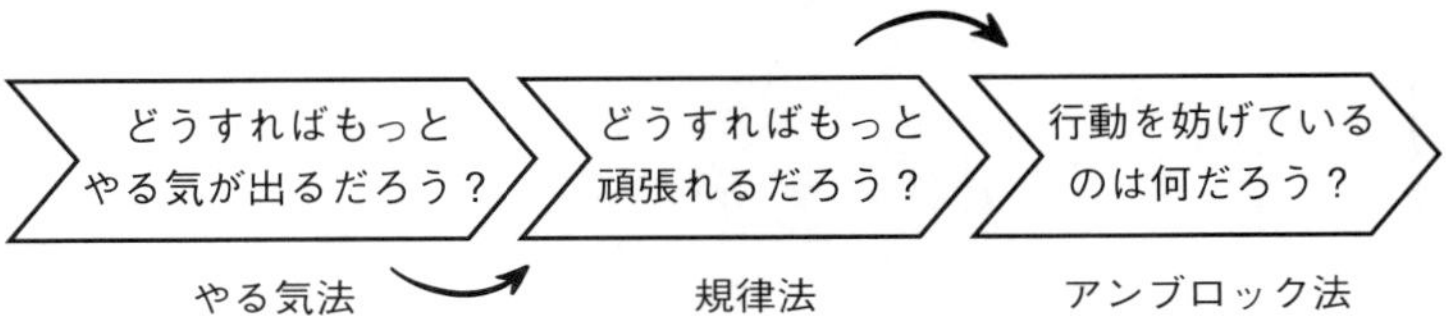
どうすればもっと
やる気が出るだろう？
やる気法
どうすればもっと
頑張れるだろう？
規律法
行動を妨げている
のは何だろう？
アンブロック法

りたい。だから友人の家を目指して走る。足の裏の皮が破けてしまうが、それでもなんとか最後まで走り切った！　だが残念ながら、夕食会は中止だ。友人が、足を血だらけにしたあなたを車で病院に連れて行かなければならなかったからだ。あなたは「規律こそが大事だ」と心の中で唱えながら治療を待つ。

この3つの解決策は、どれも的外れなものではないだろうか。4つ目の（そして最良の）解決策では、少しばかり批判的な思考が必要になる。まず、友人の家に行くのがなぜこんなに大変なのかを冷静に考えてみる。そして靴を脱ぎ、小石を見つけて、取り除く。それから、走り始めるのだ。

これが「アンブロック法」であり、第2部の3つの章のテーマである。先延ばしは基本的に、ネガティブな感情（第1部で説明した気分を良くするエネルギー源とは逆の作用をもたらすもの）によって引き起こされる。人は、混乱や恐怖、心理的慣性などのネガティブな感情に襲われると、物事を先延ばしにしてしまう。それはさらに悪い感情を生み、さらなる先延ばしにつながる。気分が落ち込み、ますます停滞するという悪循環に陥るのだ。

フィールグッド・プロダクティビティには、3つの感情的な障害物がある。しかし幸い、これらはすべて弱められる。これから、これらのネガティブな感情が僕たちにどんな影響を与え、どのようにエネルギーを奪っていくのかを見ていこう。そして、フィールグッド・プロダクティビティの科学を使って、それぞれを戦略的に克服していく方法を探っていこう。

不確実性の霧

フィールグッド・プロダクティビティの最初の障害物は、とても単純なものだ。しかし、それはとても見えにくいものでもある。あまりにもありふれているので、それがそこにあることにさえ気づけないのだ。

夜、霧の中で車を運転していることを想像してみてほしい。目を細めて前方を見て、ヘッドライトをさらに明るくしようとする。けれども、霧は晴れない。結局、霧があまりにひどいので、車を停めなければならない。

これは、先延ばしの感覚に少し似ている。行動を始められない理由の多くは、そもそも何をすべきかわからないことだ。周りに霧が立ち込めているために、身動きが取れないのだ。僕はこれを、「不確実性の霧」と呼んでいる。

これは専門用語で「uncertainty paralysis（不確実性の麻痺）」と呼ばれている、よく研究されている現象だ。この麻痺は人が未知のものや状況の複雑さに圧倒されて行動できなくなったときに生じ、作業やプロジェクトを進めたり、適切な判断をしたりすることを妨げる。その結果、良い気分になることや、物事を成し遂げることが阻害されてしまう。

不確実性は人を嫌な気分にさせ、生産性も下げる。人間は生来、知らないものに対して嫌悪を抱く。その一方で、決断力や効率を高める、予測しやすく、安定したものを自然と好む。とはいえ、人が不確実さにどう対処できるかには個人差がある。心理学者や精神科医は、「ＩＵＩ／intolerance of uncertainty inventory（不確実性への不耐性尺度）」と呼ばれるものを使ってこれを測定する。[49] １９９０年代にミシェル・デュガらによって開発されたこの尺度は、不確実性への耐性を表現する文章群で構成されている。たとえば、「事前に何が起こるかわからない状況は、受け入れがたいことが多い」といったものだ。各文章にどの程度同意するかを数値で回答し、その結果を集計して総合スコアを作成することで、その人が不確実性に対してどの程度耐性があるかが測定できる。

ＩＵＩは、不確実性が先延ばしを引き起こす仕組みや理由についてのヒントを与えてくれる。不確実性への耐性が低い人は、不確実な状況を脅威かつ不安を引き起こすものと見なし、物事を先延ばしにする傾向がある――特に、曖昧さを伴う課題に対しては。なぜか？　不安と不確実性の関係についてのレビュー論文によれば、不確実性、不安、麻痺のループは次のようなプロセスで強化される。[50]

1．物事を必要以上に重大なものと見なす（過大評価）。不安を抱えている人は、不確実な出来事が今よりも悪化すると考える。

2．過剰に警戒するようになる。ネガティブなことが起こるかもしれないと感じ、「安全のアンテナ」が危険の兆候に敏感に反応する。

3．安全を示す合図を認識しなくなる。脅威に対して過敏になっているので、実際には危険ではないのに落ち着けない。

4．回避的になる。脳は、できるだけ早くその場から逃れようとして、行動的・認知的な回避戦略を取ろうとする。

物事を先延ばししがちな人は、このループに心当たりがあるのではないだろうか。不確実さが多い行動の例として、転職を検討する場合について考えてみよう。あなたは現在、安定した仕事に就いているが、不安定であるものより充実する可能性のあるキャリアを得るために退職を考えているとする。そこには不確実さが伴うため、次のような思考回路に陥ってしまうかもしれない。

1．**過大評価**……十分な収入を得られないなど、「間違った」進路を選んだ場合の悪影響を過大に見積もる。

2．**過警戒**……転職を後悔している人が多いことを示す統計データなど、キャリア選択の成否を示す情報を過剰に気にするようになる。

3. **認識停止**……転職先の企業について調査するなど、成功につながる行動や要因に目を向けなくなる。

4. **回避**……転職を検討するのをやめる。今の職場でもう1年頑張るのはそれほど悪くはないと考えるようになる。

このようにして、不安や恐怖などが高まり、キャリアの決断は先延ばしされる。転職について考えると嫌な気分になるので、行動を起こさなくなる。

誰もが、こうした葛藤を経験している。けれども、この悪循環は断ち切ることができる。「不確実性の霧」は取り除けるのだ。

しかも、その方法は適切な質問をするだけだ。その答えが見つかれば、進むべき道が明確になる。

「なぜ?」を問う

不確実性が先延ばしを引き起こす主な原因は、最終的な目的が曖昧になることだ。着手する「理由」がわからないプロジェクトが、実際に開始されることはまずないと言っていい。

これは、米陸軍が公式の「フィールドマニュアル（FM）100-5、オペレーション」を改訂した1982年に下した結論でもある。米陸軍の「戦い方」のガイドであり、戦場での最適な戦闘方法を概説するものである。その核となるのは、「指揮官方針」という新しい概念だった。「指揮官方針」は、19世紀後半のプロイセン軍にまでさかのぼる、ドイツ軍の伝統に根ざしている。ドイツの軍事戦略家たちは、どんな戦闘計画も混沌とした戦争の現実を予測することはできないと気づいていた。ドイツ陸軍元帥モルトケ長老は、「敵との最初の遭遇に耐えられる計画はない」と述べた（正確に言えば、「敵の主力部隊と初めて遭遇した後も、確実に展開される作戦計画はない」だ。しかし、これは少々長くてキャッチーさに欠ける）。

そこでドイツ軍の将校たちは、兵士たちが戦場で取るべき細かな行動にこだわらず、「訓令戦術」（Auftragstaktik）という概念を採用した。[51] これは、「どう戦うか」について過度に細かなルールをつくるのではなく、「なぜ戦うか」という明確な方針を優先させる考え方だ。フィールドマニュアルに概説されているように、「指揮官方針」には重要な構成要素が3つある。どれもが、この「なぜ戦うか」という考え方に基づいてつくられたものだ。

1. 作戦の背後にある**目的**
2. 指揮官が目指している**最終状態**
3. 目的を達成するために指揮官が取るべきと考えた**重要な任務**

つまり戦場の指揮官にとっての目標は、最重要の「なぜ」という問いに答えることである。作戦の背後にある最大の「目的」を理解し、戦況に応じて戦い方を変えていく。部隊は、戦線の状況に合わせて臨機応変な判断ができるようになる。

この方法は、戦場以外の場所でも応用できる。「指揮官方針」を理解することは、自分がしている行動の背後にある大きな目的を明確にすることである。**「なぜ」に光を当てれば、不確実性の霧を晴らせる**のだ。

実験1 「指揮官方針」を採用する

では、どうすれば「指揮官方針」を人生に取り入れられるのだろうか？　1944年6月6日の北フランスでの出来事（「D-デイ」として知られている）を参考にしてみよう。

第二次世界大戦中、ドイツ占領下のフランスへの連合軍による侵攻作戦は綿密に計画されていた。まず、13万3000人の部隊がノルマンディー海岸の極めて限定された場所に上陸する。それを落下傘部隊が支援する。落下傘部隊は特定の町や村に上陸し、人々をナチスから解放し、重要な橋や道路を確保する。しかし、作戦開始から立て続けに想定外の出来事に見舞われた。

夜間に地上に降り立った落下傘部隊の空挺兵たちはすぐに、強風のために目的地から大きく離れた場所に散り散りになって着陸したことに気づいた。数時間後には、多くの部隊の兵士が他の部隊の兵士と入り交じっていた。兵士たちは信頼している自分の部隊の仲間とではなく、今まで言葉を交わしたこともない兵士たちと一緒に戦わなければならなかった。戦略の専門家である作家のチャド・ストーリーの言葉を借りれば、それは「軍事的な大惨事」だった。[52]

しかし奇跡的に、それから数時間でD-デイは軌道に乗った。連合国は計画していた村々を確保できなかったが、戦略目標に合致した村々を奪い取ることはできた。ノルマンディーの浜辺に上陸した部隊も、計画通りに内陸に攻め込めた。

すべては、「指揮官方針」の力によるものだった。事前に策定していた細かな計画通りにはいかなかった。しかし、「指揮官方針」を伝えていたので、作戦に参加した誰もが一番重要な目的を理解していた。**「なぜ」がはっきりしていたので、状況に応じて別の「方法」を考え出すことができた**のだ。

僕は、この考え方を日常生活に当てはめている。以前は何かを始めるとき、自分が望む「最終状態」が何かを曖昧にしたままで、細かな計画を立てようとしていた。けれども、計画にこだわりすぎると、かえって目標達成の妨げになると気づいた。やるべきことを片付けていくことに目を奪われて、最終的な目的が何かを見失いやすくなるからだ。だから今、僕は新しいプロジェクトに着手する前に、まず「指揮官方針」について考えるようにしている。「大きな目的は何か？」を考えて、それからＴｏＤｏリストをつくっていくのだ。

この単純な質問をするだけで、びっくりするくらいの効果が得られる。何年もの間、僕は「６つに割れた腹筋」（俗に言う「シックスパック」）を手に入れるという目標を達成できなかった。毎年

1月になると、今年こそはジムに通い続けようと張り切って決意する。でも、数週間後にはやる気を失い、振り出しに戻ってしまう。

「指揮官方針」を採用し始めてからは、それまでの自分は、一番重要な「なぜ」という目的を完全に取り違えていたと気づいた。僕は、シックスパックが欲しかったわけではない。本当の目標は、健康でバランスのとれた体格とライフスタイルを維持することだった。もちろん、運動をすることで見た目が格好良くなればいいという思いもあった。でも、それは健康になり、快適に生活したいという願いに比べれば、微々たるものにすぎなかった。

このアプローチは、実に様々なものに応用できる。たとえば、フランス語を学ぶとしよう。自分にとって、その目的は何だろうか？　19世紀のリアリズム小説を読みこなせるようになること だろうか？　それとも、今度のパリ旅行で簡単な会話ができるようになることだろうか？　このように最初に目的を明確にしたうえで、それを実現するための方法を検討する。語学アプリを使うのか、語学の授業を受けるのか、1950年代のフランス映画をたくさん観るのか。

起業をしたい場合はどうだろうか。最終的な目的は何か？　旅行の費用にするために、月に数百ドル余分に稼ぎたいから？　早期退職するために数百万ドルが欲しいから？　困っている人を助けたり、世の中を良くしたりしたいから？　目的を明確にしたうえで、次のステップを考えよう。今の仕事を辞める必要があるのか、それとも夜に数時間だけ時間をつくれば十分なのか。起業に全力で取り組むべきなのか、まずはスキルを磨くのが先決なのか。

この大きな「なぜ」を、頻繁に意識しよう。そうすることで、メールを書く度、会議に出る度、コーヒーを飲みながら誰かと話をする度に、様々な形で、究極の目的の実現に少しずつ近づけるようになるはずだ。

とはいえ、それは必ずしも簡単ではない。プロジェクトの途中で、目の前の締め切りや面倒な雑事に追われて、最終的な目的を見失ってしまったことはないだろうか？　僕は、この本を書いているあいだに再確認したが、重要度は低いが差し迫った仕事に気を取られるあまり、究極の目的（例：草稿を完成させる）を放置したまま、数カ月、さらには数年（！）が経過してしまうのは珍しいことではない。

では、一番大切な「なぜ」を常に判断基準の中心にするにはどうすればいいのだろうか？　そのヒントは、20世紀前半の日本の生産ラインから得られる。豊田《とよだ》佐吉は、自身の名を冠した会社を創業したことで知られている実業家だ〔トヨタ自動車もそのうちの一社を前身として後に創業された〕。しかし彼は日本で、19世紀後半に日本の繊維産業に革命を起こした人物として、さらには日本の産業革命の父としても、それ以上に高い評価を得ている。

何より、佐吉は工場でのミスをなくし、従業員全員が重要な作業に集中できるようにすることに執念を燃やしていた人物として有名だ。豊田は時間と資源を無駄にするのをひどく嫌っていた。彼は糸が切れると自動的に停止し、それ以上布を無駄にしない人力織機を設計したことで世に名前を知られるようになったのだ。無駄を省くことを重視した結果、佐吉は「5つのなぜ」と呼ばれる、今では有名になった方法を開発した。

これはもともと、何かがうまくいかなかった原因を突き止めるための方法だった。生産ラインでミスがあると、豊田の従業員は「なぜ」を5回繰り返してその原因を徹底的に探っていく。機械が故障したとする。「なぜ?」と考える。最初の答えは、「織機に布が挟まっていたから」という直接的な理由になることが多い。ここで、さらに「なぜ?」と考える。答えは、「従業員がみんな少し疲れていて、十分に注意していなかったから」になる。このように「なぜ」を5回繰り返すことで、問題の本当の原因に到達する。それは、「上司がひどく横柄なため、職場の雰囲気が最悪だから」だ。

この「5つのなぜ」は、**ミスの原因を掘り下げるだけではなく、何かを実行する価値があるかどうかの判断にも使える。**僕は、チームの誰かが新しいプロジェクトを始めることを提案する度に、「なぜ」と5回尋ねる。1回目の「なぜ」への答えはたいてい、短期的な目標に関連したものになる。もしそのプロジェクトに本当に実行する価値があるならば、「なぜ」を繰り返すうちに、「指揮官方針」に記されているような、チームの最終的な目的につながっていくはずだ。最終的な目的につながらないのなら、そのプロジェクトにはあえて実行する価値がないと判断できる。

「なぜ」を繰り返すと、チームは重要なことに目を向けやすくなる。本当に重視すべきことが明確になり、それに集中できる。些末な目先の仕事が重要ではないことがわかり、最大の目的――大きな「なぜ」――がはっきりと浮かび上がってくるようになる。

「何」を明確にする

「なぜ」を明確にしたら、それをもう少し具体的なものに変換する必要がある。漠然とした目的意識だけでは、プロジェクトを軌道に乗せられないからだ。細かな行動計画がなければ、どこから手をつけていいかわからなくなってしまう。

とはいえ、実際に何をすべきかを見極めるのは、そう簡単ではない。

職場の例を見てみよう。ジムは、新しい上司のチャールズとうまくいっていない。何をしても、怠け者で、不真面目で、プロ意識がないと見られてしまうのだ。

ある朝、ジムはチャールズから、担当顧客全員の「ランダウン」（概要資料）をつくってほしいと頼まれる。残念ながら、ジムには「ランダウン」が何なのかわからない。その日の残りの時間、ジムはチャールズにそれを悟られないようにしながら、自分が何を頼まれたのかをなんとか理解しようとオフィス内を歩き回る。結局、最後までわからず、チャールズのオフィスに入り、上司にどんなふうに反応されるかを完全に諦めて、「ランダウンって何ですか？」と尋ねる。

これは、現代の職場に潜む日常的な恐怖を面白おかしく正確に描く人気のテレビドラマ『ジ・オフィス』のシーンに出てくるエピソードだ。部下を細かく管理しようとする上司、社内政治、そして自分がすべき仕事の内容がまったくわからないという、背筋が凍るような現実である。

これが、「何」をすべきかが不確実であるということだ。課題の意味がよく理解できない学生や、上司からの曖昧な指示に頭を悩ませる従業員、ギターを弾けるようになりたいけれど何から始めればいいのかわからない人――。みんな、何をすべきなのかがはっきりしないために、取り掛かることができなくなっている。何をすればいいかがわからないと、始める前から消耗してしまう。

解決策は？　抽象的な目的を具体的な目標と行動に変えること――すなわち、「なぜ」を「何」に変換することだ。

実験3
「NICEの法則」で目標をつくる

目的を計画に変えるための第一歩は、目標設定だ。最終的な目的がわかっていても、目指すべき目標がなければ、そこに到達するのは難しい。

けれども、目標設定は簡単ではない。目標が重要であることは誰もが認めているが、それがどのような形を取るべきかについては意見が分かれている。

1981年、ワシントン・ウォーター・パワー社の元経営企画部長でコンサルタントのジョージ・T・ドランは、マネジメント・レビュー誌に「SMART（スマート）の法則」という目標設定の方法を紹介した。これは、「具体的（Specific）」「測定可能（Measurable）」「割り当て可能（Assignable）」（「達成可能（Achievable）」が用いられる場合もある）、「関連性（Relevant）」「期限（Time-related）」の頭文字を取ったシンプルで覚えやすい法則で、経営や自己啓発の分野でたちまち注目を集めた。年月が経つにつれ、目標を効果的にするための独自の工夫を凝らした略語がいくつも登場した。たとえば、「FOCUSEDの法則」＝「柔軟性（Flexible）」「観察可能（Observable）」「一貫性（Consistent）」「全員共通（Universal）」「シンプル（Simple）」「明示的（Explicit）」「方向性（Directed）」や、「HARDの法則」＝「心からの（Heartfelt）」「ワクワクする（Animated）」「必須の（Required）」「難易度が高い（Difficult）」、さらには「BANANAの法則」＝「バランスの取れた（Balanced）」「極端（Absurd）」「到達不能（Not Attainable）」「ばかばかしい（Nutty）」「野心的（Ambitious）」などだ（そう、「BANANAの法則」は冗談だ。僕がつくった）。

これらの略語には共通点がある。第一に、目標は明確かつ定量化できるものであるべきだとしていること。目標が「具体的」や「明示的」なものであれば、目標の記録・確認が容易になる。第二に、結果に重点が置かれていること。「測定可能」や「観察可能」というのは、望ましい最終状態に到達したことを客観的に把握できるという意味だ。

だが残念ながら、記録や確認が容易で、結果を重視したこうした目標設定の方法は、実際には効果が薄いことが明らかになっている。この種の目標設定は生産性を高めるどころか、その障害になることすらある。

最新の研究もそのことを裏付けている。たしかに、具体的で難易度の高いこうした目標設定の方法が合っているタイプの人もいるし、それによってパフォーマンスを向上することもある。だが、逆効果を招くこともあるのだ。[53]

そのことを初めて知ったとき、僕は信じられなかった。それまで何年も、「SMARTの法則」に基づいて目標を立てていたからだ――それなのに突然、この法則にはこれまで言われていたほどの効果はなかったと言われるなんて。

しかし、研究結果はますますはっきりしてきている。具体的で難易度の高い目標設定の大きな問題点は、視野狭窄《きょうさく》を起こしやすくなることだ。目標を達成することばかりに意識を向けると、他の大切なこと（価値観に忠実であることなど）を見失いやすくなる。さらに問題なのは、モチベーションに与える影響だ。目標に執着すると、その作業そのものに取り組むことで得られる喜びが失われてしまう。2009年、ハーバード大学、ノースウェスタン大学、ペンシルベニア大学、アリゾナ大学の研究者が共同で「暴走する目標：過剰な目標設定が引き起こす組織的な副作用」と題する論文を発表した。[54] 彼らは、目標設定は中毒性があり、心身を蝕むプロセスであり、「人を動機付けるための、無害な市販薬」のようなものと見なすべきではないと述べている。

目標設定はどれも悪いものだとか、「SMARTの法則」やそれに類似する目標設定法則が効

目標設定の「NICEの法則」

果的でないと言うわけではない。これらの法則が合うタイプの人やタスクはある。だが、有害な副作用があるのも事実だ。そして、先延ばしに悩んでいる人は、別の法則に従ってみてもいいかもしれない。

僕が好むのは、**客観的な結果や目的に固執せず、気分良く何かに取り組めることを重視する目標設定のアプローチ**だ。僕はそれを、以下の4要素の頭文字を取って、「NICEの法則」と呼んでいる。

・**短期的**（Near-term）——短期的な目標があると、長い道のりの中で、当面すべきことに集中できる。だから、遠いゴールのことを考えて気が遠くなってしまうような事態を避けられる。僕は、1日または1週間単位の目標が最も役立つと思う。

・**行動ベース**（Input-based）——行動ベースの目標は、遠い抽象的な最終目標ではなく、プロセスを重視する。結果（アウトプット）ベースの目標が、「年末までに5キロ痩せる」「本を出版して、ベストセラーリストに入る」といった最終的な結果を重視するのに対し、行動（インプット）ベースの目標は、「毎日10分ウォーキングをする」「毎朝小説を100語書く」など、今できる行動を重視する。

・**コントロール可能**（Controllable）——無理なく、余裕のある目標を立てて、それに集中する。「1日8時間、小説の執筆をする」というのは、非現実的だ。様々な条件が揃わなければ、それだけの時間はつくれないからだ。十分に達成できる量（たとえば、対象となる行動を1日20分間行う）を設定するほうが、はるかに現実的だ。

・**元気になる**（Energising）——本書ではこれまで、プロジェクトや仕事、日常の細々した用事を楽しくワクワクしたものにするためのルールや方法を詳しく説明してきた。自分で設定する目標に、「遊び」「コントロール感」「良い人間関係」を取り入れるにはどうすればいいだろうか。

「SMARTの法則」に基づいて長期的な目標を立て、それを実行するために「NICEの法則」に基づいた目標を設定してもいいだろう。次ページの表で、この2つの法則の違いを見てみよう。

その結果、活力やフィールグッド・プロダクティビティを高める目標を立てられる。しかも、それらを達成できなくても、人生が台無しになることはない。

実験4
「水晶玉法」で問題点を事前に明らかにする

NICE目標を立てたことで、具体的に何をすべきかが明確になったはずだ。だが道のりを歩

	SMART目標	NICE目標
フィットネス	3カ月以内に10キロ減量する。	楽しく、無理のない運動を、毎日30分行う。
キャリア	2年以内に管理職に昇進する。	毎週1時間、自分の専門分野の勉強または同業界の専門家との交流に充てる。
教育	2年間で修士号を取得する。	毎日30分、適量の課題を学習・復習する。

み始める前に、ちょっとしたトラブルシューティングをしておくと役に立つかもしれない。

1週間後の自分を想像してみよう。何をしたいか、なぜそれをしたいのかは明確になった。でも、これだけ準備をしたにもかかわらず、まだ行動を始めていないかもしれない。その場合、何がいけなかったのだろう？

僕はこれを「水晶玉法」と呼んでいるが、「事前検死法」と呼ばれることもある。つまり、目標達成の大きな障害になるものを事前に見つけ出し、計画が軌道を外れるのを予防する方法だ。

やり方は単純。頭の中で、失敗の原因になりそうなことをできる限り想定してみること。それだけで、それらが実際に起こる可能性を劇的に減らせる。ウォートン大学院のデボラ・ミッチェル教授の有名な研究によれば、ある出来事がすでに起きたと想像する、この後知恵ならぬ「前知恵」を行うことで、物事がうまくいく（または失敗する）理由を特定する能力は3割高まるという。[55]

僕の場合、水晶玉法は、いくつかのシンプルな質問を掘り下げるときに最も効果的だ。これらは僕がチームによく尋ねていて、チームからも僕に尋ねるよう促している質問だ。

1. 1週間後にするつもりだったタスクを始められていなかったとする。その主な原因として考えられるものを3つ挙げるとしたら？
2. この3つの原因が生じるリスクを減らすために、何ができる？
3. このタスクを確実に行うために、誰に助けを求められる？
4. タスクを実際に行う確率を高めるために、今すぐできる行動は？

この方法は、達成するのが難しそうなほぼすべての目標に有効だ。なぜなら、目標は計画通りにいくとは限らないからだ。アイゼンハワー将軍も、「計画通りに勝利した戦いはなかったが、計画なしに勝利した戦いもなかった」と回想している。

「いつ？」を自問する

ある仕事に取り掛かろうとしたとき、「どうやってそのための時間を捻出したらいいのかわからない」と思ったことはないだろうか。

作家のオリバー・バークマンの言葉を借りれば、時間は「常に、すでに不足している状態」だ。[56]

人一倍時間が足りない人もいる。「1日の時間は誰でも平等に24時間である」とよく言われるが、これは間違いだ。たしかに1日は24時間かもしれないが、そのうちのどれくらいを自分のために使えるかは、人によって実に様々だ。

お抱えのシェフと運転手、2人のベビーシッターと3人のアシスタントを持つセレブなら、24時間の大半を自分の好きなように使えるだろう。でも僕たち一般人は、1日のかなりの時間を、通勤や仕事、育児、料理、掃除、買い物、洗濯など、生きていくために必要な活動に費やさなければならない。

そのため、時間がいつも足りないように感じる。だからこそ、時間をどう管理するかは、「不確実性の霧」を晴らす最後のステップになる。

本章ではこれまで、「なぜ」を問うことで一番大切な目的を明確にし、「何」を問うことで具体的な目標とやるべきタスクを明確にする方法について見てきた。けれども、まだ答えていない質問がある。それは、「いつ」だ。**「いつするのか」を決めていないと実際にそれをするのは難しい。**

ある意味では、「いつ」やるのかについて考えることは、自分の限界を受け入れることだ。もし自由な時間が1週間のうちにわずかしかなく、その時間を「生産性」を高めるために最大限に活用していないとしても、それは必ずしも先延ばしにしているとは限らない。単に、他の活動を優先させているだけかもしれないからだ。

それでも、そのプロジェクトに本気で取り組みたいのなら、「いつ」という質問に対する明確な答えが必要になる。そのための最初の方法として、2010年代半ばにボストン大学で生まれた方法を紹介しよう。

実験5
「実行意図」を明確にする

2015年の秋、ボストンのあちこちで、「運動する時間が足りないと感じている人たち」を実験の被験者に募集するというチラシが出回り始めた。このチラシを配布した研究グループは、人に運動をさせるための最も効果的な方法を探ろうとしていた。[57]

被験者は、「1週間の歩数を増やす」という目標に取り組む研究に参加した。全員、1日の歩数などの健康指標を記録するスマートウォッチ「フィットビット（Fitbit）」が与えられ、それを5週間着用するよう指示された。

しかし被験者は知らされることなく、すでに2つのグループに分けられていた。1番目のグループはスマートウォッチを渡されただけで、それ以上の指示は与えられなかった。2番目のグループには、スマートウォッチを渡されたことに加えて、研究者からいくつかの指示が与えられた。まず、1日の中でいつウォーキングをする予定かを説明するよう求められた。それ以降も毎晩、翌日にいつ歩くかをメールで尋ねられ、それに回答しなければならなかった。

この小さな介入は劇的な違いをもたらした。5週間の実験期間が終わる頃、スマートウォッチのみを与えられた1番目のグループの歩数は実験開始時点からほとんど変化が見られなかったが、スマートウォッチに加えて「いつウォーキングをするのか」という質問に回答した2番目のグループは、実験開始時点の1日平均7000歩から約9000歩に歩数が増えていたのだ。

このような小さな行動のきっかけを「実行意図」と呼ぶ。そして行動変容の科学は、実行意図に革命的な力があることを示している。

実行意図を専門テーマとする研究者に、ニューヨーク大学の心理学者ピーター・ゴルヴィツァーがいる。前述のボストンの研究と同様、実行意図は新しい行動をする時間を毎日のルーティンに組み込む方法についてのヒントを与えてくれる。その行動をいつするかを予め決めておけば、それを実行する可能性は上がる。ゴルヴィツァーによれば、実行意図の効果を最大限に高める方法は、「もし（if）〜したら」「〜をする（then）」（例：もしXになったら、Yをする）という条件文を用いることだ。これは、「if-then（イフゼン）ルール」と呼ばれている。

たとえば、マインドフルネスを実践したいが、それをどう1日のスケジュールに組み込めばよいかわからないのなら、「今日、職場でお昼の紅茶を淹れるとき、5回深呼吸してから給湯室に向かう」ことをルールにする。

果物を食べることを習慣にしたいのなら、「キッチンに入ったら、必ずリンゴを食べる」ことを、家族と触れ合う時間を増やしたいなら、「毎日、職場から帰宅したら母親に電話する」ことをルールにする。

このような小さなルールが、驚異的な効果をもたらすことがある。2006年、ゴルヴィツァーは94件の研究に参加した8000人以上の被験者を対象としたメタアナリシスを実施し、「if-thenルール」が人の長期的な行動を根本から変え得ることを示した。[58] この論文によれば、「もし〜したら、〜をする」ことを意図的にルール化するだけで、人はその状況を事前に頭の中に強く描けるようになるという。「もし（if）」に設定した出来事が起こると、それを見過ごすことは難しくなる。すでにその出来事は、このルールに基づいた行動の一部になっているからだ。ルールを定めておくことの効果は絶大だ。**「いつするか」を考える必要はなくなり、迷わず行動できるようになる。**

実験6
「タイムブロッキング」で時間を予め確保する

重要なことをする時間を見つけるための、さらにわかりやすい方法がある。にもかかわらず、この方法は十分に使われていない。それは、「タイムブロッキング」だ。

タイムブロッキングとは、**「やりたいことがあれば、それをやる時間を予めスケジュール帳に書き込んでおく」**ことを、格好よく言い換えたものだ。スケジュールに書き込めるのは会議の予定だけではない。集中して作業をする時間、管理職としての仕事に専念する時間、ランニングをする時間など、仕事やプライベートのどんな時間も対象になる。ものすごくシンプルで効果的なのに、この方法をうまく活用できていない人は多い。

僕の知り合いには、とても計画的で、意欲が高く、明確な人生の目標を持っているにもかかわらず、自分が最も大切にしている行動をスケジュール帳に書き込んでいない人が大勢いる。僕はそのことにいつも驚かされる。予定に組み込んでおかなければ、やりたいことは実現しない。僕自身も、そのことを身をもって学んだ。

なぜ人はスケジュール帳をフル活用することにこれほど抵抗を感じるのだろうか？　おそらくそれは、1日のスケジュールを予め決めておくことに息苦しさを覚えるからなのかもしれない。「ジムに行く」とか「小説を1時間執筆する」と書くと、それらが「仕事」みたいに堅苦しく感じられ、自由を奪われているような気持ちになるのだろう。

でも実際には、スケジュールを決めれば、むしろ人生の自由度は高まる。予め時間を割り当てておくことで、仕事や趣味、くつろぎ、人間関係など、大切な活動をすべて行えるようになる。無計画なまま、場当たり的に1日を過ごして時間を無駄にしたりはしない。自分の優先順位に従って、人生をデザインできるようになるのだ。

タイムブロッキングは、自分の時間を「予算」と見なすのと同じだ。毎月の収入を、家賃や食費、娯楽費、貯蓄などに割り当てるように、24時間という予算を様々な活動に割り当てていく。

そして、お金をきちんと管理することで経済的な自由が得られるのと同じように、タイムブロッキングによって時間的な自由が得られるようになる。

タイムブロッキングは、次に示すように3段階でステップを踏んで慣れていくことをおすすめする。

レベル1では、まず1日のうちの一部の時間をブロックする。これは、これまで手つかずだったことを片付けるのに適している。ToDoリストにずっと残っているタスクに取り組んでみよう。受信トレイのメールを整理したり、作業場の掃除をしたり、後回しにしていたレポートにようやく手をつけたりする。スケジュール帳に、これらのタスクをやる時間を書き込む（例：「火曜日の午前9時から10時まで、受信トレイのメールを整理する」）。このタイムブロックは、他の予定と同じように扱う。その時間が来たら、そのタスクだけに集中する。

レベル2では、1日の大半の時間をブロックすることにチャレンジする。毎朝、その日の時間割をつくることから1日を始めてみよう。たとえば、7時から8時は運動、8時から9時は家族との朝食、9時から11時は最重要のプロジェクトに集中して取り組む、11時から11時30分はメール、といった具合だ。

つまり、単なる「やるべきことの羅列」であるToDoリストを、「時間帯ごとに何をするかが定められたスケジュール」に変えるのだ。タスクに具体的な時間帯を割り当てることで、1日の仕事をいつ、どのように終わらせるかを明確に計画できる。

最後のレベル3では、「理想の1週間」をタイムブロックする。1日だけではなく、7日間の計画を立てるのだ。仕事、家族、趣味、運動、リラクゼーション、自己啓発など、人生のすべての側面を対象にして、自分にとって重要なことをすべて洗い出し、1週間の中でそれぞれに費やす時間を決めよう。

たとえば、平日の午後6時から7時は運動、7時から8時は家族との夕食、8時から9時は読書の時間にする。月曜と火曜の午前中は集中して仕事をする時間、水曜の午後はチームミーティング、金曜の午後は自己啓発に充てるといった具合だ。重要なのは、自分にとって最適なバランスをつくること。自分が大切にしていることや、将来の目標、現在の状況などを反映したうえで、理想の1週間を計画してみよう。

実際には、計画した通りに1週間を過ごすのは難しいかもしれない。しかし、だからこそ、それは「理想の1週間」なのだ。計画を狂わせるような出来事も起こるだろう。でも、それはかまわない。厳密なスケジュールを立て、それに必ず従おうとすればかえってストレスに感じてしまう。タイムブロッキングで大切なのは、自分にとって最も重要なことに集中する時間を確保するために、大まかなスケジュールを決めておくことだ。

この時間の枠組みをつくれば、不確実性の霧は少しクリアになる。

この章のまとめ

・先延ばしは誤解されている。人は、根本的な原因ではなく、目先の症状を治療することで先延ばしに対処しようとする。また、先延ばしの根本的な原因は、気分に関係していることが多い。気分が悪いと、達成できることが少なくなる。だから、良い気分を妨げている原因を突き止め、それを取り除くことが重要だ。これが、アンブロック法だ。

・良い気分を妨げるものの1番目は不確実性だ。解決策は自分が何をしようとしているのかを明確にすること。まずは「なぜ?」と尋ね、次に「どのようにして?」と自問しよう。

・その次は、「何?」について考える。そのとき鍵になるのが、目標設定の方法を見直すこと。「SMARTの法則」ではなく、「NICEの法則（短期的、行動ベース、コントロール可能、元気になる）」に基づいて目標を立てよう。

・最後の質問は「いつ?」だ。いつするかを決めていないと、行動は起こしにくい。その効果的な解決策は、「実行意図」だ。日常的な習慣を、自分が取り入れようとしている行動のトリガーにするのだ。たとえば、歯を磨くとき、同時に太ももの裏側をストレッチすれば、ストレッチを習慣化しやすくなる。

第5章

勇気を出す

アレックス・オノルドは指先で岩にしがみついた。

1000メートル以上も下にあるヨセミテ渓谷の森の斜面では、友人たちが心配そうな表情で彼を見守っている。オノルドが登ろうとしていた高さ900メートル以上の岩壁、エル・キャピタンの岩肌には何も道具は設置されていない。でも、もう彼は引き返せない。唯一の選択肢は、登り続けることだ。

『フリー・ソロ』は、ロープなしでのエル・キャピタン登攀《とうはん》というオノルドの新記録への挑戦を描いたドキュメンタリー映画で、2018年に公開されると大きな反響を呼んだ。この映画は、誰もが一度は抱いたことのあるはずの問いをあらためて心に浮かび上がらせる――なぜ、ある種の人たちは、他の人が夢にも思わないような危険な行為ができるのだろう？

その答えは、オノルドの解剖学的特徴に関係しているかもしれない。つまり、彼は他人にはないものを持っている。正確に言えば、他人が持っているものを持っていない。この映画には、アレックスが病院でＭＲＩ検査を受けるシーンがある。医師によれば、脳の扁桃体と呼ばれる小さな部位が、アレックスの場合、普通の人に比べて不活発になっているというのだ。

扁桃体には、「脅威検出器」としての働きがある。それは人間が生き延びるのに役立つ感情――たとえば、恐怖――を生み出す役割を担っている。

扁桃体が正常に機能していないと、人前で話すときも、交通量の多い道路の真ん中を歩くときも、まったく恐怖を感じない。だからこそオノルドは、高さ９００メートル以上の滑らかな絶壁で、冷静に岩肌に張り付いていられるのだ。

扁桃体の良いところは、人間の生存を助けてくれることだ。もし、トラやヘビ、高速で走る車を目にしたらすぐに逃げるよう促す部位が脳になかったら、人類は遠い昔に絶滅していたかもしれない。だが一方で、扁桃体には厄介な側面もある。誤って偽の脅威を知覚し、それに反応してしまう場合があることだ。これは専門用語で「扁桃体ハイジャック」と呼ばれている。扁桃体は何かを脅威と見なすと、実際にはたいした危険がなくても、僕たちに即座に逃げるよう指令を出す。

扁桃体ハイジャックは、本書で紹介する良い気分を妨げる3つの感情的な障害の2番目、「恐怖」を引き起こす。見知らぬ集団に会う、締め切りまでに完了しなければならない仕事を引き受ける、重要な試験に合格しなければならない、といった安全を脅かす仕事に直面すると、扁桃体はそれを脅威と解釈する。たとえ、その仕事を先延ばしにすると将来もっとストレスが増えるのが理性的にはわかっていても、脳は目の前の脅威から逃れることを最優先させようとする。それを達成するための一番簡単な方法は？　そう、何もしないことだ。

拒否されるのを恐れて、就職や昇進に応募するのをためらった経験はないだろうか？　知らない人が大勢いる交流会に参加するのをキャンセルしたことは？　自分には能力がないと不安になり、クリエイティブなプロジェクトに着手できなかったことは？　こうした感情を引き起こしているのは、扁桃体なのだ。

恐怖もまた、僕たちの生産性を妨げるネガティブな感情だ。恐怖は快感ホルモンの分泌を阻害し、思考や問題解決を曇らせる。行動を先送りしてしまうのは、その当然の結果だと言える。

解決策は？　勇気を出すことだ。恐れに目を向け、それを認め、乗り越える。ただし、誤解しないでほしい。この章の目的は、不安や自己不信を魔法のように癒やしたり、克服したりすることではない。アレックス・オノルドでもない限り、恐怖心を完全に消し去ることはできない。けれども、〝自分の恐怖に向き合い、それを理解しようとする勇気〟を育むことで、慢性的な先延ばしの習慣につながる感情的な障壁を乗り越えられるようになる。**恐怖は僕たちの能力の扉を施錠する。それを解く鍵が、勇気**なのだ。

恐怖を知る

僕は、自分のビジネスを立ち上げるまでに7年もかかった。

2010年頃から、ユーチューブチャンネルを始めたいと思っていた。でも、1本目の動画を撮影しようと思う度に、自分の中の何らかの力によってそれを阻まれ続けた。スケジュール帳に予定を書き込み、撮影に臨もうとしてもダメだった。最初は、先延ばしにしてしまうのは自分の完璧主義のせいだと考えていた。僕は何かをするとき、高いレベルのものを求める。やるからには、つまらない動画はつくりたくなかった。だから、動画を制作するのに躊躇しているのだ、と。

でも振り返ってみると、その考えは間違いだった。たしかに僕は完璧主義者だった――試験でも、友人づくりでも、手品でも。でも、だからといって、それらを先送りにしてはいなかった。何か別のものが僕を引き止めていた。恐怖だ。失敗することへの恐れ、判断を間違うことの恐れ、良いものをつくれないかもしれないことへの恐れ。何年ものあいだ、心の中で、〈こんなことがうまくいくわけがない〉〈こんなことができるほどお前は優秀じゃない。なぜわざわざそれをやろうとする？〉という恐怖の声がずっと聞こえていた。結局、最初の動画をつくったのは2017年になってからだ。

僕はこの恐怖を乗り越えるのに、10年近くもかかってしまった。おそらくその大きな理由は、この恐怖の正体を理解していなかったからだ。僕は、自分が動画の撮影をためらってしまう理由を十分に説明する言葉を持っていなかった。単に、怠けているだけなのではないか、努力不足なだけではないかと思っていた。そしてそれが、自信喪失やネガティブな心の声に拍車をかけていた。けれども、自分の人生の中で恐怖が果たしている役割を理解し始めると、それが僕の夢や目標の実現を妨げている障壁であることがわかるようになった。

知識は力なり。**恐怖を乗り越える第一歩は、恐怖を知ることだ。**うまく恐怖に対処すれば、何かを始めるのに7年もかかったりしないだろう。

実験1
感情に「ラベル」を貼る

自分の恐怖を知るための最初の方法を紹介しよう。これは、2016年に88人のクモ恐怖症者、数人の科学者、1匹のチリアン・ローズヘアー・タランチュラによって実証されたものだ。

恐怖におののくクモ恐怖症者は、心臓をドキドキさせ、手のひらにじっとりと汗をかきながら、地球上で最大規模のクモと接触するために1列に並ぶ。そして一人ずつ、体長15センチのタランチュラにそっと近づいていく。容器の壁には、クモが広げた脚が不吉な影を落としている。最後に、心臓が止まるような瞬間が訪れる。科学者から、手を伸ばして人差し指の先でクモに触れるように指示されるのだ。

この人々は、マゾヒズムに突き動かされていたのではない。彼らは恐怖の科学に関する画期的な研究の被験者だった。[59]この研究の主なテーマは、「恐怖に名前をつけることがもたらす、人が恐怖を克服するのに役立つ不思議な力」を探ることだった。

被験者は、事前にいくつかのグループに分けられていた。各グループは、実験の実施者であるUCLAの科学者によって、いくつかの指示を与えられた。クモに対面する前に、他のことを考えるように指示されたり、クモのことをなるべく嫌なものだと考えたりしないように指示されたグループもあった。あるグループは、具体的な指示を与えられた。それは、タランチュラに直面したときに生じるであろう感情に名前をつけることだ。たとえば、「あの気持ち悪いタランチュラが飛びかかってくるのではないかと不安になる」というふうに。

実験終了後、全グループの被験者が、タランチュラに対面したことで苦痛を感じたと報告した。しかし、他よりも苦痛の程度が低かったグループもあった。それが最も顕著だったのは、事前に自らの恐怖を言葉にしていた人たちだった。このグループの被験者は、クモに近づく傾向がかなり強かった。また、徐々に恐怖が和らぎ、その代わりにコントロール感が生じるのを感じたと報告した。この感覚は、実験後最大1週間持続した。

この研究は、恐怖の正体を見抜く効果的な方法を示唆している。ここでの目的は、扁桃体の働きを完全に止めることではなく（もしそうなったら、トラックに轢かれる可能性が大幅に高まってしまう）、扁桃体ハイジャックがいつ起きているかを認識することだ。

この手法は「感情ラベリング」と呼ばれる。これは簡単に言うと、**自分が経験している感情に**

名前を与えることで、その感情の存在を認識し、深く理解することだ。その効果は2つある。1つは、自己認識が高まること。自分の恐怖に名前をつけて認めることで、自己認識が高まり、自らの感情のパターンをよく理解できるようになる。もう1つは、恐怖を反芻しにくくなること。同じ恐怖を何度も繰り返し思い浮かべていると、その恐怖が正当なものであるかのように思えてくる。ラベルを付けることで、その感情を処理し、解放できるようになる。それによって、物事を先延ばしにする循環的な思考から逃れられるようになるのだ。

とはいえ、感情にラベルを付けるのは必ずしも簡単ではない。以前の僕と同じような状況にいる人は、自分の足を引っ張っているかもしれない恐怖や感情が何かを突き止めることすら難しいと感じるかもしれない。僕たちは、何かを先延ばしにしていることをもっともらしい理由で正当化するのが得意だ。「何かを恐れて起業を先延ばしにしているんじゃない。良いアイデアが見つかっていないだけだ」「小説の執筆が進まないのは、怖いからではなく、時間がないだけだ」

では、どうすれば恐怖に名前をつけ、それを処理することを習慣にできるのだろうか？　一つの方法は、いくつかの質問を自問することだ。何かを先延ばししているときは、「自分は何を恐れているのだろう？」と考えてみよう。先延ばしの原因は、自分の内なる弱さや不安であることが多い。原因が何かを明らかにしなければ、それらを解決することはできない。

次に、もう一歩踏み込んで、「この恐れはどこから生じているのか？」と自問してみよう。つまり、それは「自分」から生じているのか、それとも「他人」から生じているのかと考えるのだ。

「自分」とは、自らの能力に関連する恐れという意味だ（「自分には十分な能力がない」「十分な準備が整っていない」）。「他人」とは、自分の行動に他人がどう反応するかに関連する恐れという意味だ（「自分の仕事が人に嫌われるのではないか」「自分を表に出すことで批判されるのではないか」）。いずれの場合も、自分の恐怖がいったい何であり、どこから来ているのかを明確にしよう。

それでもまだ恐怖を冷静に理解するのが難しい場合は、どうすればいいのだろうか？　僕のおすすめは、**自分が経験していることを、他の誰かが経験していると仮定して言葉にしてみる**ことだ。自分と同じような立場で、対象の行動を恐れのために先延ばしにしている誰かがいるとしたら、その人は何を恐れているのだろうか？　どんな恐怖が、この架空の人物がその行動を取るのを妨げているのだろう？　そう考えてみるのだ。

実験2
「アイデンティティ・ラベル」を貼る

僕たちはプロジェクトに着手することや、巨大なタランチュラに対面するといった、極めて具体的なものを恐れていることもあれば、その一方で、具体的な問題ではなく、もっと全般的な自分のアイデンティティに関するものを恐れていることもある。たとえば、「自分はランニングに向いていない」「私は数学が苦手だ」「創造的な仕事は得意じゃない」といったラベル（レッテル）を自分に貼り、そのことでさらに恐れを大きくさせている。

こうした自己認識から生じる恐怖は、具体的な恐怖と同じように、僕たちが物事を先延ばしにする原因になる。心理学者のハワード・ベッカーは1960年代、社会から与えられるラベルは人の行動に大きな影響を与えると示唆した。当時、ベッカーは犯罪の文脈におけるラベルに注目していて、初犯後に「犯罪者」のラベルを貼られた人は、再び犯罪行為をする可能性が極めて高いことを発見した。

1990年代までに、この問題は犯罪だけに限ったものではないことが研究によって明らかにされた。学校から少年院、軍隊に至る様々な場所で、否定的なラベルを貼られた人は、問題行動を繰り返す可能性が高いことがわかった。ベッカーは、人が自分自身に貼るラベルは、行動に大きな影響を与えることを示したのだ。自分にラベルを貼ると、その通りのことが実現してしまいやすくなるという考えを、ベッカーは「ラベリング理論」と名付けた[60]。心当たりがある人は多いはずだ。ある人間関係がうまくいかないと、「自分は人間関係が苦手だ」と決めつけてしまう。テストに一度失敗すると、「私には勉強は向いていない」というラベルを貼ってしまう。締め切りを一度逃しただけで、自分を「物事を先延ばしする人間」と見なしてしまう。

幸い、このラベル貼りは逆方向にも作用する。つまり、ネガティブなラベルが恐怖を増幅させるように、**ポジティブなラベルによって恐怖を乗り越えられるようになる**のだ。

たとえば、僕は自信を喪失したとき、「生涯学習者」というラベルを自分に貼る。このラベルによって、学び、成長しようとすることの大切さを意識しやすくなる。また、恥や後悔といった先延ばしのネガティブな側面に目を向けず、前を見て学び続ける自信を与えてくれる。生涯学習者は、自分を向上させるための新しい方法を常に探している。生涯学習者は、慢性的な先延ばしに陥ってしまうことはないだろう。

この方法は誰にでも利用できる。物事を先送りしていることに気づいたら、自分がどんなラベルを使っているかを考えてみよう。問題と自分を同一視しすぎてはいないだろうか？「私は慢性的な先延ばし癖がある」とか「僕は先延ばしばかりしてしまうので、時間に厳しい人とは約束ができない」といった言葉を頻繁に口にしていないだろうか？ もっとポジティブな自己認識をしてみよう。たとえば、「よく働く人」「これまで多くのことを成し遂げてきた人」「締め切りを守る人」といったラベルを自分に貼れないだろうか？

小さな変化のように聞こえるかもしれない。しかし、そうではない。ラベルとは、他人から一方的に付けられる無機質な札ではない。それは、自分がどんな人間であるかを理解するのに役立つ道具なのだ。ラベルを変えれば、行動も変えやすくなる。

恐怖を和らげる

カリフォルニア州オランチャのランチハウス・カフェに辿り着いたとき、ピーター・デレオは見る影もないほどひどくやつれていた。[61] それまで9日間も、救助を求めて山道を歩き続けていたからだ。

彼を乗せた飛行機がシエラネバダ山脈に墜落してから、ほぼ2週間が経過していた。3人の乗客全員が奇跡的に命を失わなかったが、救助を求めて行動したのはデレオだけだった。全身に傷と打撲を負いながらも、誰かを探すために機体の残骸から離れ、山の中を歩き始めた。飛行機は標高3000メートルもの高い場所に墜落したため、雪に覆われたシエラネバダ山脈の尾根沿いを歩かなければならなかった。ついに尾根道から明かりを見つけ、暗闇の中をよろめきながら下ってハイウェイに出た。そして、通り過ぎる車に向かって合図を送った。

カフェに運び込まれたが、デレオは治療を拒否した。他の仲間2人を捜索してもらうことが急務だと考えたからだ。そのまま救助隊と一緒に飛行機に乗り、飛行機が墜落した場所に向かった。だが、手遅れだった——2人はすでに息絶えていた。

デレオが助けを求めてどこまでも歩き続け、他の乗客2人がその場から動かず、そのまま命を落としたのはなぜか？　これは、サバイバルを研究する心理学者ジョン・リーチが何年もかけて答えを出そうとしてきた疑問だ。[62]「亡くなった2人の仲間は、報道では死ぬべくして死んだという扱いだった」とリーチは書いている。「しかし、そのうちの男性1人は、墜落後に軽い打撲しかしていない。それなのに、なぜ死んだのか？　シェルターには物資もあった。火を熾《おこ》すことができたし、水もあった。わずか11日間で飢えることはなかったはずだ」

災害時の人々の反応に関するリーチの研究は、「人は恐怖を感じると麻痺してしまう」という、人間の本質についての核心を明らかにしている。災害時、被災者は一般的に、認知的な麻痺に陥る。つまり、思考、判断、行動ができなくなる。

幸い、この認知的な麻痺は和らげられる。誰もが恐怖のために何もできなくなるわけではない。ピーター・デレオのように、人を凍りつかせるような強烈なアドレナリンを、山を登ったり、助けを求めたり、動き続けたりするための強力な能力に変えられる人もいる。適切な方法さえ用いれば、恐怖が及ぼす影響は減らせるのだ。

実験3
「10／10／10ルール」で、恐怖を長期的な視点で捉える

僕たちを身動きできなくする恐怖の力を弱めるための最初の方法は、大局的な視点を持つことだ。恐怖は人を悲観的にする。その結果、麻痺に陥ってしまう。ちょっとした挫折をとてつもなく重要なことだと見なしていると、どんな失敗も人生を台無しにするものになってしまう。例を挙げよう。

・好きな人にフラれた。その結果、「自分は誰かから愛されるに値する人間ではない」と落ち込み、生涯を一人で過ごす。
・求職したが不採用になった。その結果、「私を雇ってくれる会社なんてない」と悲観し、働かない人生を選ぶ。

10/10/10ルール

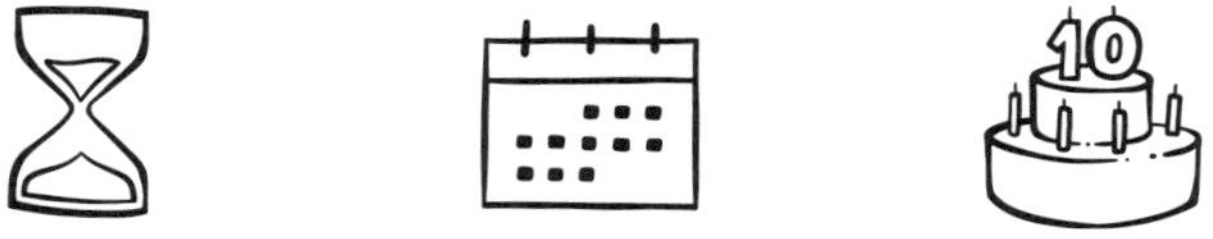

私はこの問題に
10分後も悩まされて
いるだろうか？

私はこの問題に
10週後も悩まされて
いるだろうか？

私はこの問題に
10年後も悩まされて
いるだろうか？

・運転免許の試験に落ちた。その結果、「僕は運転に向いていない」と決め込み、免許を取るのを諦める。

こんなふうに悲観的になったときは、一歩引いて全体像を俯瞰してみよう。適切な方法に従えば、物事が見た目ほど悪くないと気づけるようになる。その結果、恐怖心を和らげられる。

この方法は、科学の専門用語で「認知的再評価」と呼ばれている。[63] その主目的は、ネガティブな出来事や思考、気分をポジティブに捉え直し、ポジティブな感情を持てるようにすることだ。

認知的再評価を行う簡単な方法は、**「今はひどく嫌だと感じていることも、将来はそれほど重要な問題ではなくなっているだろう」**と自分に言い聞かせることだ。そのために、次の3つの質問を自問してみよう。僕はこれを「10／10／10ルール」と呼んでいる。

このルールを、先ほどの例に当てはめてみよう。

・「好きな人にフラれた」。あなたはこの問題に10分後も悩まされているだろうか？ まだ落ち込んでいて、その人に顔を見せたくないかもしれない。では10週間後はどうだろうか？　まだ引きずっているかもしれないが、それほど動揺はしていないかもしれない。この10週間で、いろいろな出来事が起きたはずだ。10年後は？　おそらくまったく悩まされてはいないだろう。その間に、人生を変えるような出会いがたくさんあったはずだ。

・「求職したが不採用になった」。この問題に10分後も悩まされているだろうか？　たぶん悩まされているだろう。当日はかなり落ち込むかもしれない。10週間後は？　たぶんもう悩まされていない。その間に、他の求人に何件も応募しているだろうから。10年後は？　悩んだりはしていない。何の挫折もなくキャリアを成功させる人などいない。あなたも、この経験を些細なつまずきとして捉えられるようになっているはずだ。

・「運転免許の試験に落ちた」。10分後は？　たぶん落ち込んでいる。教習所の教官に結果を伝えて、恥ずかしい思いをしなければならないだろう。10週間後は？　たぶん悩んではいない。もう一度試験に挑戦して、できれば合格していたい。10年後は？　絶対にない。恥ずかしさは、もう忘れているだろう。面白い思い出話として振り返れるようになっているかもしれない。

10／10／10ルールは、ストレスを感じている問題の大きさを正しく捉えるのに役立つ。今は頭を悩ませている問題も、時間が経てばたいしたことではなくなっていくと気づくはずだ。今抱いている恐れも、いつまでも続くわけではないのだ。

実験4
「自信の方程式」を使って、わずかな自信でもスタートできることを確認する

もちろん、恐怖は「人生を台無しにする」といった大袈裟な形で現れるとは限らない。恐れは、目標の行く手を阻む、小さく耳障りな自己不信感――「私にはできない」という不安――である場合もある。

僕はこの種の自己不信を「仮死状態」のようなものだと思うことがある。人は、互いに相容れない2つの考えのあいだをさまよっている。一方では、「どうしてもこれをやりたい」と思っている。その一方で、「そんなの自分にできるわけがない」と思っているのだ。その結果、ジレンマに陥って身動きが取れなくなってしまう。

たとえば、僕が執筆を（頻繁に）先延ばしにしてしまうのは、この2つの考えのあいだで宙ぶらりんになっているからだ。一方では、本を書きたいという純粋な望みがある。「素晴らしいものをつくりたい！　読んだ人の役に立つようなものを書きたい！」と強く思っている。でもその一方で、「どうせたいしたものなんて書けないのだから、やる意味なんてない！」「文章を書くのが下手なのに、なぜ本を書くなんて大それたことをしようとしているんだ？」という心の声がする。

たしかに、こうした自己不信が正しい場合もある。たとえば僕には、飛行機を操縦したり、ロ

ケットを設計したりする自信がない。とはいえ、的外れな自己不信を抱いている場合がほとんどだ。自己不信が先延ばしの原因になるのは、それが事実だからではない。「私には、必要とされている能力が足りない」という認識をしているからだ。これを数学の式のように表現すれば、次のようになる。

自信=自分の能力についての認識−必要とされている能力についての認識

自分の能力が、必要とされる基準よりも高いと思えるなら自信を持てる。必要とされる基準には足りないと思っていると、疑心暗鬼になる。

これは、自己不信の影響を減らすこととどのような関係があるのだろうか? 適切な方法を用いれば、この「自信の方程式」のバランスを変えて、先延ばしすることなく自分を行動に向かわせられるようになる。第2章では、コントロール感を高めて自信を得る方法について話したが、これは自己不信を取り除くのにも大いに役立つ。とはいえ、生産性の第一人者を自任する僕でさえ、日々、自己不信による先延ばしと向き合い続けている。この本の執筆でも、自己不信のために筆が進まないことがあった。「自分には無理だ」と感じてまったく書けない日が何日(何週間も!)もあった。

このようなとき、自信をつけるのは必ずしも簡単な解決策ではない。自信を持つのはたしかにいいことだし、行動も始めやすくはなる。でも、先延ばしをやめるきっかけをつくりたいだけなら、もっと簡単な方法があってもいいかもしれない。

たとえば僕は、「自信のなさを奇跡的に克服するのではなく、それを些細な問題に変える」という方法をよく用いる。それはとてもシンプルだ。「これを始めるには、どのくらいの自信が必要なのだろう？　少々自信が足りなくても、始められるだろうか？」と自問するのだ。たいてい、答えは「イエス」になる。もちろん、相当の自信がなければできないこともある。たとえば、僕には脳神経外科の手術はできない。しかし実際には、それほど難易度が高いことをしようとするケースなんてめったにない。僕が日々、自己不信によって行動を先送りしてしまうのは、ジムに行く、仕事をする、この本を書く、といったもっと現実的なことだ。それらを始めるのに、揺るぎない自信を持つ必要はない。

だから、たとえたいして自信がなくても、僕はスタートを切れる。シュワルツェネッガーみたいなボディビルダーでなくても、1時間の筋トレはできる。先見の明のある天才起業家でなくても、自分のビジネスを始められる。自分の書く本が、草稿段階で傑作である必要もない。

新しいことを始めようとするとき、「自信がついてから始めればいい」という考えは、むしろ行動の妨げになる。解決策は、たとえ上手くできなくても、とにかく着手してみることだ。

まずは始めてみること。完璧に何かをする必要が出てくるのは、ずっと先のことだ。

恐怖を克服する

ステージライトの輝きがアリーナを照らし始める。アデルの手のひらは汗でじっとりと湿っていた。これから数千人の観客の前に飛び出していかなければならない。何度か同じような経験はあった。でも今回は怖かった。大観衆の前でパフォーマンスをすることへの恐怖に、飲み込まれてしまいそうだ。

世界的なスターになる前、才能のあるアーティストだったアデルは、人前でパフォーマンスすることへの恐怖を克服できずに苦しんでいた。後の人生を一変させることになる、恐怖を克服するテクニックに出会ったのは、不安のために歌手としてのキャリアが台無しになりそうになっていた、若き日のコンサートの最中だった。

ヒントになったのは伝説のシンガー、ビヨンセだった。2008年、ビヨンセは3枚目のスタジオ・アルバムに、自身の別人格である「サーシャ・フィアース」にちなんだタイトルを付けた。ビヨンセは、サーシャ・フィアースは、ステージ上で自信に満ち、エネルギッシュで、抑制から解放されるためのペルソナだと語った。「サーシャ・フィアースは、私がアーティストとしての仕事をしているとき、ステージにいるときに出てくる、楽しくて、官能的で、積極的で、率直で、魅力的な自分自身の側面なの[64]」

ビヨンセに触発されたアデルは、サーシャ・フィアースと伝説のカントリー歌手ジューン・

カーターを融合させた、「サーシャ・カーター」という自らの分身をつくった。[65] サーシャ・カーターは、アデルがステージで熱望していたものをすべて体現する存在だ。恐れを知らず、大胆不敵で、自信に満ち溢れている。サーシャ・カーターというペルソナになりきることで、アデルは恐怖を脇に置き、いつも夢見ていた、自信に満ちたパワフルなパフォーマーに変身できた。

アデルの分身は、本章で紹介する、恐怖がもたらす麻痺効果を乗り越える3つ目の方法のヒントを与えてくれる。僕たちが物事を先延ばしにしてしまう大きな理由は、他人に見られることへの恐怖だ。大勢の人を相手にプレゼンをする、動画をインターネットで不特定多数に向けて投稿する、知り合いが誰もいないパーティーに参加する――どのようなケースであれ、他人に本当の自分を「見抜かれる」のを恐れて行動するのをためらっていると、コンフォートゾーンの外に出て成長することはできない。

僕たちは、自分のミスや不注意、悪癖などを他人に気づかれるのを恐れている。だがその一方で、他人のミスや不注意、悪癖などにそれほど目を光らせたりはしていないものだ。にもかかわらず、自分自身を見るとき、これらを実際以上に重要なものだと見なしてしまう。

これが、恐怖を乗り越えるための3つ目の方法につながる。本章ではこれまで、恐怖の正体を知る方法、恐怖の影響力を和らげる方法について説明してきた。だが、行動に移すのが極めて困難なタスクの場合、これらの方法では不十分な場合もある。

恐怖は完全には取り除けない。だから、恐怖は乗り越えていかなければならないのだ。

つまり、恐怖で身動きが取れない状態から、勇気を出して前に進む方法を見つける必要がある。それは、あなたの人生で最も重要な人、つまりあなた自身が、自分をどんなふうに見るかを変えることから始まる。

実験5
自分にスポットライトを当てるのをやめる

僕の場合、このプロセスは友人のジェイクの家で開かれたディナーパーティーから始まった。それは土曜日の夕方で、ジェイクの家は笑い声や話し声でにぎわっていた。彼は何週間も前からこのパーティーの準備をしていた。それは盛大なパーティーだった。テーブルを囲んでいた誰もが、ジェイクが普段の食事はほとんどウーバーイーツで済ませているのを知っていた。そんな彼が友人たちのためにビュッフェ形式の美味しい手料理をつくるなんて、前例のないことだった。

僕はふと、これは面白い冗談を言うチャンスだと思った。ジェイクが料理を運んできた。僕はみんなの会話が一段落するのを待った。そして、彼がご馳走を載せた皿を食卓に置いたとき、すかさずこう言った。「ジェイク、ウーバーイーツで美味しそうな料理を注文してくれてありがとう」

しばしの沈黙――。さらに沈黙が続いた。誰も笑わなかった。フォークやナイフが皿に当たる音がする。僕の顔は真っ赤になり、身体が火照ってきた。ジョークは大失敗だ。ちっとも面白くなかった。それどころか、何時間もキッチンに立ってせっせと料理を用意してくれたホストを怒らせてしまったかもしれない。

パーティーが終盤に近づいたとき、まだ恥ずかしさでいっぱいだった僕は、狼狽しながら友人のキャサリンに思い切って尋ねてみた。僕はとんでもなく恥ずかしいことをしてしまったのだろうか？　友人たちの顰蹙《ひんしゅく》を買ってしまったのだろうか？　もう誰も夕食に誘ってくれないんじゃないか？　彼女は驚いた様子でこっちを見た。彼女は僕が冗談を言ったことにすら気づいていなかった。「料理を取るのに忙しくて、あなたの言葉は聞こえてなかったわ。それにしても、ジェイクの料理はものすごく美味しかったわね」

つまり、それは僕のまったくの思い過ごしだった。あのジョークは、誰にも聞かれていなかった。このときの経験は大きな教訓になった。僕は人の目を気にしすぎていた。自分の行動は実際以上に他人から注目され、値踏みされていると考えていた。周りを見渡してみた。パーティーの参加者は、誰も僕の一挙手一投足に注目したりなんかしていない。みんな、目の前の相手との楽しそうな会話に夢中になっている。

僕は、「スポットライト効果」と呼ばれる興味深い現象の餌食になっていた。[66] 人は他人からどう思われているかに敏感だ。これは理にかなっている。社会的な生き物である人間の扁桃体は、自分の集団内での地位を脅かすものを絶えず警戒している。しかしその結果、常に自分にスポットライトが向けられていて、周りから常に注目され、言動を分析され、人としての価値を品定めされていると思い込みやすくなる。

心理学者のトーマス・ギロビッチらは、2000年代前半に発表した一連の論文で、「人は他人が自分について考え、判断する度合いを過大評価する顕著な傾向がある」ことを何度も証明した。「人は、自分の行動や外見のほんの些細なことが他人にどう伝わるかについて不安になりがちである。この不安には見当違いなものもある。外見やパフォーマンスの細部は、相手には伝わっていないことが多い。にもかかわらず、私たちは相手の意見を過度に気にしている」

誰もが、自分が周りからどう思われているかを気にしている。しかし実際には、**自分が思っているほど他人からは注目されていない。**

つまり、「自分のことなんて、誰も気にしてなんかいない」という事実を思い出すだけで、スポットライト効果は減らせる。恐怖心のために行動を躊躇しているとき、このちょっとした発想の切り替えが大きな解放感をもたらしてくれる。僕のケースに当てはめて考えてみよう。

- 最初のユーチューブ動画数本の出来がどれだけひどくても、誰も気にしない。
- 執筆の経験が少なくたいしたブログ記事を書けなくても、誰も気にしない。
- まったくの初心者として一人でサルサダンスのクラスに現れても、誰も気にしない。
- 靴と不釣り合いなベルトをしてパーティーに参加しても、誰も気にしない。

「誰も気にしない」という考え方は、とてつもなく大きな変化をもたらしてくれる。不安による先延ばしを減らすために、これほど簡単な方法もない。

とはいえ、これは特効薬ではない。誰でも、恐怖心とは一生つき合っていかなければならない。この本を読んだからといって、他人からどう思われるかという恐怖が完全になくなるわけではない。

しかし、恐怖には健全なレベルのものもあれば、身動きが取れなくなるレベルのものもある。スポットライト効果を理解すれば、先延ばしにしていたことを、今すぐにでも始められる。結果がひどいものであっても、誰もそんなことは気にしていないのだ。

実験6
「バットマン・エフェクト」を使う

「誰も気にしていない」と自分に言い聞かせるだけでは、人前で恥をかくことへの恐怖を乗り越えられない場合もある。もしアデルがあの日、「誰も自分のことなんて気にしていない」と自分に言い聞かせてステージの上に立っていたら、恐怖でパニックになっていただろう。なぜなら、大観衆の目がアデルに注がれていたからだ。

そんなときに助けになるのが、アデルにとってのサーシャ・カーターのような、**別人格になりきること**だ。これは、恐怖心を乗り越えるための強力な方法になる。この効果は、「バットマン効果」という面白い専門用語で呼ばれている。

バットマン効果を最初に発見したのは、ペンシルベニア大学のレイチェル・ホワイト教授率いる研究チームだ。[67] 同チームは、子どもたちが、自分の分身になりきることで、課題への取り組み方がどう変わるかを調べた。実験では、4歳から6歳の子どもたちに、近くでもっと楽しい遊びができるような状況で課題を与えた。子どもたちがその課題に取り組むには、遊びの誘惑に負けずに集中しなければならない。

子どもたちは3つのグループに分けられた。1番目のグループには、特に指示を与えなかった。2番目のグループには、自分の気持ちや考えを振り返ってもらった。3番目のグループには、憧れのスーパーヒーローやキャラクター（「バットマン」や、「ドーラといっしょに大冒険」のドーラなど）になりきるよう求めた。その後、子どもたちが課題に取り組む様子を観察した。

その結果、偶然にも、興味深い発見が得られた。スーパーヒーローやキャラクターになりきるように指示された子どもたちは、他の2グループの子どもたちに比べて、自制心や集中力、忍耐力が優れていたのだ。

つまりバットマン効果は、「失敗するかもしれない」という恐怖心を乗り越え、先延ばしを克服するのに役立つ力を秘めている。恐れを知らない、自信に満ちた分身になりきることで、普段の自分には想像もできないような勇気や決断力を発揮できるというわけだ。

僕も何年も前から、不安を克服するためにバットマン効果を使ってきた。特に、人前で話すときに重宝している。僕は不安や自己不信に悩まされることが多く、長年、授業やプレゼンテーションを行ってきたにもかかわらず、自分を表に出すことに恐れを感じることがある。そんなとき、僕はジェームズ・マカヴォイ演じる『X-MEN』シリーズの若きチャールズ・エグゼビア（通称「プロフェッサーX」）になりきる。

チャールズ・エグゼビアになりきるための小道具もある。ダテ眼鏡だ。レーシック手術で視力を矯正したにもかかわらず、僕が公の場でメガネをかけているのはそのためだ。このダテ眼鏡は、スピーチをするときに陥りがちな、自分を過小評価してしまう「インポスター症候群（詐欺師症候群）」を克服するうえで重要な、〝プロフェッショナルで知的な分身〟になるためのスイッチを入れるのに役立っている。

もちろん、『X-MEN』の熱心なファンでなくても、この方法は使える。自信がなくて先延ばしにしてきた物事を思い浮かべてみよう。新しい趣味を始める、副業に挑戦するといったことだ。これらを問題なく実行してしまう、自分の分身を想像しよう。自分にはない自信、勇気、決断力、（あえて言うなら）規律といった資質を体現しているのは誰だろう？

次に、その分身になりきってみよう。ひとりになれる静かな場所を見つけて、しばらくのあいだ、もうひとりの「自分」に変身してみる。分身の姿勢や声、考え方を取り入れてみる。練習をすればするほど、恐怖心や先延ばしを乗り越えたいときに、バットマン効果を簡単に発揮しやすくなる。

マントラ（呪文）やアファメーション（自己宣言）、すなわち、自分の分身の考え方を表す、短くて力を与えるフレーズをつくるのも効果的だ。勇気や意欲を出したいときに、その呪文を唱えるのだ。例を挙げよう。

私には自信がある
私は何も怖くない
誰も私を止められない

安っぽく聞こえるかもしれない。しかし、その効果は驚異的だ。こうしたマントラやアファメーションは、自分（やその分身）には、想像もつかないほどの力が秘められていることを思い出させてくれる。

この章のまとめ

・感情的な障害物の2つ目は、恐怖心だ。求職したり、好きな人をデートに誘ったりするのを怖くて後回しにしたことがある人は、このモンスターに遭遇したことがあるはずだ。解決策は、恐怖を取り除くことではなく、それに立ち向かう勇気を養うことだ。

・勇気の源は3つある。1つ目は、自分の恐怖を理解すること。「まだそのタスクやプロジェクトに着手していないのはなぜ?」「何を恐れているのだろう?」「この恐怖はどこから生じているのか?」と自問しよう。

・2つ目は恐怖心を減らすこと。人は物事を必要以上に恐れる傾向がある。恐怖で人生を台無しにしてしまわないために、「私はこの問題に10分後も悩まされているだろうか?」「私はこの問題に10週間後も悩まされているだろうか?」「私はこの問題に10年後も悩まされているだろうか?」と考えてみよう。

・3つ目は恐怖を乗り越えること。他人の目が怖いと感じたときは、「誰も私のことなんて気にしていない」と自分に言い聞かせよう。人間は自分の言動はやたらと意識するが、他人のことはそれほど気にかけていないものだ。

第6章

慣性の法則で自分を動かす

1684年、アイザック・ニュートンはそれまでの人生で最も野心的な仕事に着手した。以降、1年半のあいだ、夜通し働き、しばしば寝食を忘れて、自身の最高傑作である著作『自然哲学の数学的諸原理』を書き上げた。

1687年7月に出版された同書の内容は、物体が空間を移動する方法を説明する初めての科学的な試みであった。その核心は、ニュートンの「運動の第1法則」(「慣性の法則」と呼ばれることが多い)に簡潔に要約されている、「静止している物体は静止したままであり、運動している物体は外部の不均衡な力が作用しない限り、運動したままである」という単純な観察であった。

つまり、止まっている物体はずっと止まっていて、動いている物体は他の力(重力や空気抵抗など)が妨げない限り、動き続けるということだ。

ニュートンが40年後に亡くなる頃には、『自然哲学の数学的諸原理』は、宇宙の物理的性質を記述した史上最大の試みであり、傑作であるという評価を得ていた。しかし、ニュートンの「運動の第1法則」が、人間行動の核心を突いていることはおそらく見落とされていた。実は、慣性の法則は、物理学と同じくらい生産性にも当てはまるのだ。

第2部ではこれまで、気分を妨げて先延ばしを助長する2つのブロッカーについて見てきた。1つは、何を始めるべきかがわかりにくくなる「不確実性」。もう1つは、不安のために始める意欲がなくなる「恐怖心」。だが、3つ目のブロッカーは、これらよりもさらに厄介なものだ。それは、「心理的慣性」だ。

ニュートンが発見したように、物事を始めるには、続けるよりもはるかに多くのエネルギーが必要だ。何もしていないとき、何もしないことを続けるのは簡単だ。何かをしているとき、その何かをし続けるのも簡単になる。やる気を高めるためにいろいろな手を尽くしているのに、それでもまだ先延ばしにしていると感じられたら、自分を動かすための一押しが必要だと考えてみよう。

心理的慣性は人を平坦な気持ちにさせる。無力感や行き詰まりを感じ、良い気分を奪ってしまう。けれども、それは克服できる。この慣性の原理を、坂道にたとえて考えてみよう。自転車で坂道を下りたいと思っているとする。ヘルメットをかぶり、ギアにしっかりオイルを塗り、スタートしたくてうずうずしている。でも、問題がある。この長い坂を下る前に、まずは坂を上らなければならないということだ。坂を上り切るには爆発的なエネルギーが必要だ。それは必ずし

心理的慣性の原理

も楽しくはない。

しかし、いったん頂上に達してしまえば、あとは髪に風を受けながら坂を下ることができる。とても気分良く、家に帰れるだろう。

摩擦を減らす

では、どうすればこの坂を乗り越えられるのだろう？　最初の方法は、**身の回りを見て、始めるのを難しくしているのが何かを明らかにする**ことだ。環境に少し手を加えるだけで、大きな変化が起こせることに気づくかもしれない。そのことを説明するために、オランダの心理学者マルリン・ホイティンクによる、消費者の野菜の購入行動に関する研究を見てみよう。[68]

ホイティンクらのチームは、スーパーマーケット・チェーンや公的機関から、コストをかけずに人々の健康を改善するための方法を考案するよう依頼されていた。そこで、人々の買い物時の判断に環境が及ぼす影響を調査する簡単な方法を開発した。実験対象のスーパーで、毎週ある曜日（介入日）に、ショッピングカートに緑色の小さなカゴを設置する。この緑色のカゴはカートの面積の約半分の大きさで、買い物客が購入した野菜を置くスペースを意味している。このカゴには、スーパーの客がどのように野菜を買っているかを説明するメッセージが印刷されている。あるメッセージには、「このスーパーで人気の野菜トップ3は、キュウリ、アボカド、ピーマンです」と書かれている。もう1つのメッセージには、「お客様の大半は7種類以上の野菜を選びます」と書かれている。また他の日（対照日）にはこのカゴをカートから取り除いた。

この実験の意図は、小さな（そして何より廉価な）環境の変化（この実験の場合は、緑のカゴと、そこに記されたメッセージ）が、買い物客の行動をどれくらい変えるかを調べることだった。その結果、大きな変化が生じていたことがわかった。緑のカゴがある日の買い物客は、ない日よりも平均して50％以上多く野菜を買っていたのだ。

このような変化は、何かをし始めるのに必要な労力を減らしてくれたと考えられる。ゴールの前に立ちはだかる摩擦をなくしてくれるのだ。常に野菜を買うよう促されていると、「野菜を買わなきゃ」ということを覚えておくのに必要な労力はずっと少なくてすむ。同様に、人気の野菜が何かを教えてもらえば、何を選ぶかを決めるのに必要な労力もずっと少なくてすむ。

実験1
環境的な摩擦を減らす

これらの摩擦が僕たちの行動を鈍らせる原因は、まず物理的な環境にある。行動すべきということはわかっていても、始めることを必要以上に難しくする場所にいると動き出せなくなる。

僕は医師としてフルタイムで働いていた2018年、夜にギターを練習するのを習慣化するのに苦労していた。時折、「ギターの練習をしなきゃ」と思っても、つい先延ばしにしてしまう。リビングルームのソファに座って、スマートフォンでSNSを見たり、テレビを見たり。ギターは部屋の隅にある本棚の後ろに隠れていて、めったに視界に入ってこなかった。その後、『ジェームズ・クリアー式 複利で伸びる1つの習慣』（パンローリング株式会社）という本を読んで初めて、ギターをリビングの真ん中に置くという実に簡単な解決策に気づいた。それ以降、ギターを手にするのが圧倒的に楽になった。

ギターを部屋の真ん中に置くことや、ショッピングカートに野菜を買うことを促すカゴを設置することなどは、「環境をエンジニアリングすること」の一種と見なせる。その目的は、摩擦を減らして、対象の行動を始めるのを容易にすることだ。

これは、行動科学で「デフォルトの選択肢」（意図的に何かを選択しない限り、自動的に選ぶことになる選択肢のこと）と呼ばれるものとも大きく関わっている。オランダの買い物客の場合は、野菜を買うことを促す緑のカゴがショッピングカートに設置されていたので、深く考えなくても野菜をカートに入れられた。

これを自分の日常生活に取り入れるにはどうすればいいのだろうか。コツは、**自分がしたいと思っていることが明白なデフォルトの選択肢になるように、環境を変える工夫をする**ことだ。その結果、やりたくないことがしにくくなるようにすることも大切だ。例を見てみよう。

・**ギターをもっと練習したい**――ギタースタンドをリビングに移動すると、それがデフォルトの選択肢になる。これによって、リビングで休憩しているときは、何も考えずに楽器を手に取れるようになる。

・**大切なことにもっと集中したい**――勉強の教材や仕事の道具を目に入る場所に置いておく。パソコンのすぐ隣に勉強用のノートを置いておけば、勉強することがデフォルトの選択肢になる。机に向かっているときは、当たり前のように勉強を始められる。

・**スマホの使用時間を減らしたい**――通知をオフにすれば、携帯電話を見ることではなく、見ないことがデフォルトの選択肢になる。

環境を調整することで、自分が本当に望んでいる行動が選択しやすくなる。何も考えずに、悪い選択肢を選んでしまうことを避けられる。

実験2 感情的な摩擦を減らす

もちろん、行動を開始するのを難しくしているのは環境だけではない。気分も、行動を妨げることがある。第2部ではこれまで、僕たちが何かを始めるのを邪魔する、ストレスを伴うことの多い感情的な障壁について詳しく見てきた。何をしようとしているのかが曖昧であったり、行動することで生じるリスクに対して不安を感じたりしていることなどだ。しかし、もっとありきたりな障壁がある。僕の住むイギリスでは、これは「ＣＢＡ」と呼ばれている。「can't be arsed」（やる気が起こらない）の略語だ（僕の知る限り、アメリカ英語には同じような表現はない）。

残念ながら、これは誰もが様々な場面で抱く感覚だ。エッセイを書こうとするとき、ギターの練習をしようとするとき、そして今の僕の場合なら、この本を書こうとするとき、ＣＢＡが邪魔をする。ＣＢＡは、何かを始めるうえで最も一般的かつ最大の障害だ。でも、簡単に行える対処策はある。たとえば、生産性向上の定番かつ効果的なハックである「5分ルール」だ。

「5分ルール」とは、**とりあえず5分間だけやってみる**こと。ごく単純なテクニックだが、その効果は絶大だ。逆に言えば、どんなタスクであれ、最初の一歩を踏み出すことが最大の難関である場合が多いということだ。それまで遠ざけてきたタスクを、5分間だけ集中してやってみる。5分経過したら、そのまま続けるかやめるかを判断すればいい。

5分ルールは驚くほど有効だ。どんなに先延ばしにしていることであれ、5分間だけやってみるのは、それに本腰を入れるのを想像する（特に、「残りの人生でずっとそのことをし続けなければならない」ように感じるときは）のに比べればたいして怖くはない。

僕の場合、8割くらいの確率で、5分経過した後もその作業を続けることになる。BGMに『ロード・オブ・ザ・リング』のサウンドトラックを流し、『ホビット庄の社会秩序』の弦楽四重奏曲にうなずきながら書類仕事を始めたら、作業が楽しくなってくる。少なくとも、思っていたほどその作業は悪いものではないと気づく。

とはいえ、肝心なのは無理に作業を続けないこと。そうしなければ、正しい「5分ルール」とは言えない。だから2割くらいは、5分後に作業をやめる。もちろん、その結果として確定申告の作業を明日以降に先延ばしにすることになるかもしれない。でも、少なくとも5分間は作業を進められる。5分が経過したら途中でやめてもいいというルールを設けることで、自分に嘘をつかなくてもすむ。「5分だけ」と自分に言い聞かせて始めたにもかかわらず、「続けなきゃ」と感じてしまうと、5分ルールの魔法が失われてしまう。

行動を始めるための驚くほど簡単な秘訣

マット・モカリーの顧客名簿には、シリコンバレーの大物が大勢名を連ねている。投資会社Yコンビネータのマネージングパートナーや、OpenAIのような業界大手企業のCEOが、自社の可能性を引き出すためのアドバイスを求めて彼のもとに集まってくる。大手掲示板サイト「Reddit」のCEOスティーブ・ハフマンは、同社の市場価値はモカリーのおかげで10億ドル高まったと評価している。

僕は数年前から何人ものビジネスコーチの指導を受けてきたが、モカリーのコーチング・セッション（おそらくとんでもなく高額なのではないだろうか）はどんなものなのかとずっと気になっている。たった数回のセッションで顧客会社の価値を10億ドル増やすなんてことが、どうやったら可能なのか？　どんなふうにして、奇跡的な変革のアドバイスを提供しているのだろうか？

その答えは、何か重大で啓示的な秘訣のようなものではないか――僕はそう想像していた。だから、僕が愛聴している作家のティム・フェリスのポッドキャスト番組に出演したモカリーの答えを聞いて、少々拍子抜けした。[69]「みんな、『マット、君のコーチングは他の人と何が違うんだ？』って尋ねてくる」とモカリーは言った。「でも、僕がしているのはごく単純なことだから、答えに困ってしまう。僕がしているのは、セッションを終えたとき、**最低でも1つ、多くて3つの〝次に取るべきアクション〟を決めるようにしている**だけなんだ」

「え？　それだけ？」僕は思った。「1つから3つ程度のアクション」を決めるだけで、本当にビジネスを好転させられるのだろうか？　それから僕は、自分の胸に手を当ててみた。たしかに、僕が物事を実現させるのに苦労するのは、明確かつシンプルな「次のステップ」を決めていないときだった。だから行動しないし、物事を先延ばしにする。

モカリーはこの原則を、「行動へのバイアス」と呼んでいる。彼は、クライアントと話し合う時間は（彼にとってもクライアントにとっても）とても貴重なものであり、ただ目標について考えるだけで、それを実現するための実行可能なアクションに落とし込まずにセッションを終えるのは、とてももったいないと考えている。つまり、遠い未来の抽象的な目標ではなく、明確で具体的なステップが必要なのだ。それがなければ、おそらくクライアントは何もしないだろう。

これが、この章で紹介する、慣性を乗り越えるための2番目の方法だ。ここまでは、行動するために必要な労力を減らす方法について見てきた。次は、最初のステップを踏むための方法を説明しよう。まずは、ティム・ピチル博士の研究を紹介する。

実験3
「次の行動ステップ」を決める

ティム・ピチルほど先延ばしに詳しい人もいない。[70]

過去20年間、彼はこのテーマに関する論文を25件以上も発表してきた。ピチルが率いるカナダにあるカールトン大学の「プロクラスティネーション《先延ばし》・リサーチ・グループ」は、人が物事を先延ばしにする理由を科学的に研究する世界一の組織だと言えるだろう。彼はそこで得た知見を自ら実践している。「私はめったに先延ばしをしない」とピチルは僕に言った。「私は、〝先延ばしについての理解を深めれば、先延ばしを減らせる〟ということを、まさに体現しているんだ」

「その秘訣は何ですか？」と僕は尋ねた。先延ばしを克服するために、一番大切なこととは？ピチルの答えは意外なものだった。それは、何かを先延ばししていると気づいたら、**「次の行動ステップは何か？」と自問する**ことなのだという。たとえば、ヨガをするのを先延ばしにしていると気づいたら、ヨガマットを広げてその上に立つ。それだけだ。

このアプローチは一見とても簡単そうに思えるが、大きな効果がある。ピチルはコーチング・セッションで、抽象的なバイアスを具体的な次のステップに変えている。これを様々な状況に当てはめてみよう。

・**試験勉強を先延ばしにしている**——次の行動ステップは、教科書を取り出し、勉強を開始するページを開くこと。
・**ジムに行くのを先延ばしにしている**——次の行動ステップは、トレーニングウェアに着替えること。
・**本を書くのを先延ばしにしている**——次の行動ステップは、パソコンの電源を入れて、グーグルドキュメントを開くこと。

いずれも、気が遠くなるような長期的な目標（例：本を執筆する）から目をそらし、もっと実現しやすい小さな目標（例：次の数語を書く）に意識を集中させるというものだ。ピチルによれば、こうして「うまく自分を騙す」ことで、神経を落ち着かせられるという。最終的には試験を受け、ランニングマシンに乗り、本を書かなければならない。でも、今はそのことを心配する必要はない。次の小さな一歩だけに目を向ければいいからだ。

実験4
進捗状況を確認する

ブランドン・サンダースンは、世界でも指折りの人気ファンタジー作家だ。だから僕は、彼が他の作家みたいに、書けずに苦しむ、俗に言う「ライターズブロック」に悩まされているとは思ってもいなかった。サンダースンは幼い頃から本を読むのが大好きで、中学生になる頃にはファンタジー小説を書き始めた。筆は止まらなかった。２００３年に初めて自著の出版契約を結ぶまでに、12冊の小説を書き上げていた（主にホテルの受付で夜勤をしながら執筆した）[71]。以来、16篇の長編小説、10篇の短編小説、3篇のグラフィックノベルを刊行している。

だから、サンダースンがライターズブロックに苦しんでいること（しかも、頻繁に）を知り、僕は驚いた。「僕にとってのライターズブロックとは、数章まで書き進めたところでストーリー全体がうまく進んでいないと気づいたり、どうしても行き詰まる章にぶつかったりすることなんだ」と彼は振り返っている。そんなときは、書くのをやめてしまいたいという抑えがたい衝動が込み上げてくるという。

サンダースンは、こうした状況にどう対処するのか？　最悪なのは、「書くのをやめて、もう一度書く意欲が湧いてくるのを待つ」ことなのだという。そうしてしまえば、もう二度とその続きは書かなくなってしまうからだ。その代わりに、彼は進捗を記録することに徹する。ライターズブロックがあろうとなかろうと、執筆した単語数を記録する。そして、毎日2000語に達するまで書くのをやめない。[72]　そして日々、2000語、4000語、6000語と増えていく執筆量だけに意識を向ける。

サンダースンのファンタジー小説は、長いものだと40万語にもなる。それでも、目標に向かって少しずつ前進し続けているという事実に目を向けることで、長期間の執筆作業が楽に感じられるようになる。その結果、サンダースンは毎回、世界中の何百万人もの熱心な読者に向けて予定通りに新作をリリースしている。

このような進捗管理は計り知れない効果をもたらす。2016年、約2万人の被験者が参加した138件の研究を対象としたメタアナリシスが実施された。[73]　その結果、進捗目標（「目標としていたトレーニングセッションを完了したかどうか」など）や結果目標（「5キロメートルのタイム」など）を書き留めて進捗状況を把握することで、目標の達成率が飛躍的に高まることがわかった。

なぜか？　まず、進捗状況を把握することで、遅れている部分や調整が必要な部分がわかる。また、進捗を妨げているパターンや習慣、障害も明らかになる。僕も本書の執筆中、進捗を記録することで、目標の単語数を達成するのが簡単な章とそうではない章があることを知り、締め切りを調整しなければならないと気づいた。次に、進捗管理は大小様々な成功体験を祝うのに役立つ。たとえば、僕は8000語を書いたら、その度に自分にご褒美をあげることにしていた。ロンドンのお気に入りのインド料理店、ディシュームで美味しい料理を堪能するのだ。

何より**進捗を把握することで、目標に向かって進んでいるという確かな証拠が得られる。**単語数が着実に増えていくのを確認し、原稿が完成に近づいていくのを実感できる。この進歩の感覚は、執筆の勢いを保つのに役立ち、さらなる継続へと気持ちを向かわせてくれる。実に効果的なモチベーションアップの方法だ。

もちろん、執筆以外の様々な活動で進捗は管理できる。どんなことでもその対象になると言えるくらいだ。健康になることが目標なら、運動の記録をつけられる。運動の種類や時間、運動中に感じたことなどを記録しよう。筋力や持久力が時間の経過とともにどう向上しているかを確認できるようになる。

新しいことを学んでいるのなら、学習日記をつけて学習内容や疑問点、ブレイクスルーや気づきの瞬間などを書き留めて、進捗状況を追跡しよう。モチベーションが上がるし、さらなる学びが必要なエリアを把握するのにも役立つ。

試験に向けて勉強しているのなら、進捗状況をカラーの棒グラフで表し、あとどれくらいで完了するかを一日で把握できるようにしてもいいだろう。どれほど勉強が大変でも、着実に前進していることを確認できる。

自分をサポートする

これまで紹介してきたアドバイスは、事前対処的なものだった。次の行動ステップを明確にしたり、環境的・感情的な摩擦を減らしたりすることで、先延ばしせずに行動を始める方法については詳しく説明してきた。しかし、いったん行動を開始した後、しばらくしてから生じる先延ばしを回避する方法については、ほとんど言及してこなかった。

僕自身、心血を注いで何かを開始し、これで先延ばしの問題は克服できたと思っていた頃に、急速に意欲を失ったことが何度もある。たとえば、本書の執筆がまさにそうだ。執筆開始後の2カ月間で、3万語も書いた。でも、それから1年間で1万語しか書けなかった。

だから、慣性を克服するための3番目の方法として、何かを始めることではなく、その後に起こる先延ばしに注目したものを紹介しよう。順調に進んでいたはずのことが、泥沼にはまったように停滞してしまったとき、どう対処すればいいのか？　このような状況では、モチベーションを保つための別の方法が必要になる。

解決策は、自分をサポートする方法を学ぶことだ。漠然とした話のように聞こえるかもしれない。でも、先延ばしに取り組むうえでは、具体的な意味を持っている。つまり、**目標に向かって努力している自分を励ます方法を見つける**こと。何よりも、自分自身に責任を持たせることを心がけること。まずは、シンプルでありながら極めて効果的なツール、「アカウンタビリティ・

パートナー」を見つけることから始めよう。

実験5
アカウンタビリティ・パートナーを見つける

米国大手掲示板サイト「Reddit」のフォーラム「r/GetMotivatedBuddies」（モチベーションの高いバディを見つけよう）には17万9000人以上のメンバーがいて、全員が「フィットネス」「勉強」「仕事」「健康的な習慣づくり」などのゴールを共に目指すパートナー（アカウンタビリティ・パートナー）を探している。このフォーラムでパートナーを見つけたメンバーは、ジムに行く、ギターを練習する、試験勉強をする、プログラミングを学ぶ、時間通りに就寝する、忘れずに定期的に実家の母親に電話する、といった目標を達成するために、お互いを励まし合う。

この人たちは、人間のモチベーションの興味深い特徴に気づいている。それは、何かを一人で始めるのは、誰かと一緒に始めるよりもはるかに難しいということだ。**目的を共有してくれるパートナーがいれば、行動を妨げる心理的な慣性に打ち勝ちやすくなる。**

これは、ある意味で、人間関係がもたらす活力効果（第3章）によるものだ。良い人間関係は人の気分を高め、行動に向かわせる。友人は人生を豊かにする。

だがアカウンタビリティ・パートナーには、さらに強力な別の効果がある。それは、義務感を活用していることだ。人間は社会的な生き物なので、パートナーがいると、相手をがっかりさせないように頑張ろうとする。一人でジム通いをしているときなら、ついサボってしまうかもしれない。しかし、パートナーがいると違う。仲間と一緒にジムに行く約束をしていれば、そう簡単にサボるわけにはいかなくなる。

アカウンタビリティ・パートナーシップは、この基本的な社会的事実を正式なシステムに変える仕組みだ。2人のパートナーは、あるタスクを、ある時間に行うことについて相互に責任を負うことに合意する。ジム仲間なら、早朝に一緒にジムに行くために、どちらかが相手の家に立ち寄るようにするかもしれない。勉強仲間なら、決められた時間に本当に机に向かっているかを確認するために、相手に電話をかけるかもしれない。ギター仲間なら、1週間の練習の成果を確認するために、相手に実際に目の前で曲を演奏してもらうかもしれない。どれも、人間関係から生じる義務感を利用して、心理的慣性を乗り越えようとするものだ。

このようなアカウンタビリティ・パートナーシップは、どのように築けばいいのだろうか？　僕はこのプロセスを3段階に分けている。まずは、パートナーを見つけること。望ましいのは、自分と考え方や価値観が似ている人だ。だから、身近な友人から当たってみてもいいだろう。とはいえ最高のパートナーは、何といっても同じ目標を持つ人だ。それまで知らなかった人でもかまわない。週に3回ジムに通う、ギターを習う、といった共通の目標を持つ人とペアを組めば、共に責任感を持って同じゴールを目指せるだけでなく、お互いの悩みを理解し、成功の喜びを分かち合える関係になれる。その過程で、相手と良き友人になれるかもしれない。

良いパートナーを見つけたら、次はアカウンタビリティ・カルチャー、すなわち、どのような形でお互いの目標達成をサポートするかを話し合おう。相手を励まそうとするとき、どこまでが親切で、どこからが迷惑になるのかを見極めるのは難しい。だから、基本的なルールを決めておくべきだ。お互いの目標を共有するための、適切なアプローチとはどのようなものだろうか？連絡を取り合う頻度はどのくらいだろうか？　どのようなサポートが相手にとって最善だろうか？　僕は、最高のアカウンタビリティ・パートナーになるためには、次の5つの基準を満たすべきだと考えている。「規律正しい」（約束したことを守る）、「チャレンジ精神がある」（相手のレベルを引き上げるためのサポートの意味を知っている）、「忍耐強い」（結論を急いだり、決断を急がせたりしない）、「協力的である」（励ましの言葉をかけてくれる）、「建設的である」（正直なフィードバックと、建設的な批判の方法を知っている）だ。

最後に、アカウンタビリティ・パートナーのプロセスについてもう少し詳しく説明しておこう。あなたが自分の目標に責任を持つようにするために、パートナーには何ができるだろうか。またその逆の役割を担うには、どうすればいいのだろうか。いつ、何をすればいいのだろうか。週に1、2回程度の頻度で会い、状況を確認するのがいい場合もあるだろう。毎日、メールやチャット、テレビ電話で進捗状況を確認することもできる。あるいは、月に1度、コーヒーを飲みながらミーティングをして、うまくいっている点とうまくいっていない点を確認するだけで十分だというコンビもいるかもしれない。重要なのは、実際に何をするかよりも、何をするかについてお互いに合意し、それをきちんと実行していくことだ。

アカウンタビリティ・パートナーシップを正しい方法で行うと、穏やかな同調圧力を利用して強力な効果を発揮できる。勝利の喜びを分かち合い、苦しみを共に嘆いてくれるパートナーがいれば、朝、約束した時間に起きてやるべき行動に取り組めるようになるのだ。

実験6
「先延ばししてしまった自分」を許す

2010年、カナダ・オンタリオ州オタワにあるカールトン大学の心理学者マイケル・ウォールは、1年生の学生たちについて意外な事実に気づいた。[74] 学生たちは、先延ばしが大好きだということだ。

オタワはひどく退屈な街だという（おそらくは不当な）評判がある。にもかかわらず、ウォールの学生たちはこの街で勉強以外にやりたいことを山ほども見つけていた。バーに行く、パーティーに参加する、ツイッター（現X）という登場したばかりのアプリに投稿する——。学生たちは心理学の知識は少なかったが、心理学の勉強を後回しにする方法については何でも知っていた。

しかしウォールは、問題は勉強を先延ばしにすることではなく、先延ばしにする自分を責めることにあると考えていた。そして、学生たちの勉強を停滞させる悪循環を招いているのは、自分を責める感情ではないかと気づいた。つまり、学生たちは勉強を怠ける度に、「自分はダメな学生だ」という罪悪感を抱いて何日も過ごす。この恥の感覚が、その後に学生が勉強をする可能性をさらに低くしているのではないか、と。

ウォールは、「自分を責めるのは、行動を先延ばしするよりも大きな問題になることが多い」ということの仮説を検証することにした。そして中間テストの直前、学生たちに、「勉強しない自分をどこまで許せるか?」を自己評価してもらった。自分を許せる度合いの高い学生は、自分の失敗にくよくよしている学生より、成績が良いのではないだろうか?

結果ははっきりしていた。ウォールの予想通り、「勉強しない自分を許せる」と答えた学生のほうが、はるかに生産性が高かったのだ。これらの学生は、自分を許すことで、先延ばし後の罪悪感や恥に悩まされずにすんでいた。ウォールの言葉を借りれば、「不適切な行動を乗り越え、過去の行動の重荷にとらわれることなく、次の試験に集中できた」のである。ウォールの論文には、「私は自分を許す。だから、今は勉強できる」というタイトルが付けられた。

ウォールは思いがけない形で、心理的慣性が人間の行動を妨げる3番目の方法を発見した。行動を持続できないとき、人は自分を責めてしまいがちだ。だが自分を責めたところで、それは誰の役にも立たない。むしろ、事態を悪化させる。心理的慣性の作用によって、自己嫌悪に駆り立てられてしまう。自己嫌悪によって、実りあることをする可能性はさらに低くなる。

この悪循環を断ち切るにはどうすればいいのだろうか。ウォールらが発見したように、その脱出口は「自分を許すこと」にある。では、その具体的な方法は? おすすめは、「成功に目を向ける」方法だ。どんなに小さなことであれ、仕事とは関係のないことであれ、**うまくいったことがあれば、それを祝う**のだ。このとき、「~はしなかったけど、~はした」と考えてみよう。例を挙げよう。

・「今日は早朝のエクササイズはしなかった。でも、いつもより1時間長く眠れたので、すっきりしている」
・「今日は、報告書を完成させられなかった。でも、それには正当な理由がある。会社の給湯室で同僚と会話が弾んだからだ。おかげで、近況を報告し合い、充実した時間が過ごせた」
・「今日、求職の応募書類を仕上げられなかった。でも、その代わりにおばあちゃんと一緒に過ごせた。だから、それでよしとしよう」

先延ばしは、必ずしも解決できるとは限らない。でも、もし先延ばしをしてしまったとしても、できることがある。自分を許すことだ。**小さな失敗を気にしすぎず、小さな勝利を祝うことに目を向けよう。**先延ばしをしてしまいがちな自分を受け入れ、許すことで——そして、小さな勝利を祝うことで——僕たちは先延ばしがもたらす圧力から自分を解き放てるようになる。

この章のまとめ

・感情的な障害物の3番目は、最も一般的な障壁である、心理的慣性だ。つまり、人は何もしていないと、そのまま何もしないでいようとするのを楽に感じて、なかなか行動を始められない。

・しかし、この状態を脱却するための簡単な方法はある。まずは、行動を妨げている摩擦を探すこと。障壁となっているものは、何だろうか？　どうすればそれを取り除けるだろうか？

・何もしないことへの一番の対処策は、とにかく何かをすることだ。まずは「次の行動ステップ」を明確にし、次に「進捗を管理する」ことで、目標に向かって進んでいることを示す具体的な証拠を目にしながら行動を続けられる。

・最後のステップは、自分に優しくすること。共に目標を目指すパートナーとコンビを組むなどして、長期的に自分をサポートするような仕組みをつくってみよう。また、先延ばししてしまう自分を許して、小さな勝利を祝うのも効果的だ。

第3部

持続させる

第7章 エネルギーを節約する

「燃え尽き症候群」と聞いて思い浮かぶのは、マンハッタンの高層ビル街で1日18時間も働く投資銀行員や、お腹を空かせた5人の子どもの世話でてんてこ舞いになっている育児中の親の姿だろう。

だから、2020年のクリスマス・イブの夜、ソファにうつ伏せになり、スマートフォンの向こうにいる母に「明日はもう何もできない」と泣き言を口にしている自分に気づいたとき、僕は動揺し、そして少し混乱していた。

医学部を卒業してから3年、あのクリスマスのシフトで悲惨な目に遭ってから2年、ビジネスに集中するために医療の道を離れてから数カ月が経過していた。輝かしい日々を過ごしているはずが、クリスマスの前夜に、スマホのテレビ電話の画面に映る母に、自分の人生を嘆いている。

このときの僕は、ビジネスに全精力を注ぎ込んでいた。小さなチームを率いて、自分の好きなものをテーマにしたコンテンツをつくる、という夢のような仕事をしていた。物事はうまくいっているはずだった。でも、なぜかそうはなっていなかった。

僕はこのビジネスで、医師としての収入をはるかに超える額のお金を手にしていた。それでも、ひどく消耗していた。この数カ月間、ビジネスを継続させようという意欲が湧かなくなっていた。以前はとんでもなく楽しかったことが、面倒に感じられる。僕の足取りが重たいために、ビジネスにも支障が出始めていた。

いったい、どうしてしまったのだろう？　昔は仕事が大好きだった。でも今は、そのビジネスのことを考えるだけで気が滅入ってしまう。

だから、僕は母にテレビ電話をかけた。最初、彼女は僕が予想していた通りのことを言った。「あなたは医療の世界に留まるべきだったのよ」（以前も同じことを言われた）。それから、まったく予想していなかったことを言われた。「たぶん、燃え尽き症候群になっているんじゃないかしら」

咄嗟に思った。そんなはずはない――。もちろん、燃え尽き症候群がどんなものかということくらいは知っていた。でも、それが自分に当てはまるとは思ってもみなかった。僕は、生活費を稼ぐために必死に働いていたわけではないし、特にきつい仕事をしていたわけでもない。そんな僕が、燃え尽きたと感じるわけなどないはずだ。

けれども、それから数分間、僕は母（精神科医をしている）の説明を聞き続けた。燃え尽き症候群は、ストレスの多い職場で過労をしている人だけに当てはまるものではないらしい。仕事に意義や楽しさ、やりがいを感じられなくなった人なら、誰にでも起こり得るのだという。燃え尽きてしまうと、途方に暮れ、意欲が減退する。どんなに頑張っても、以前のペースで働くことができないと感じる。

電話を切った後、ひとまず母のアドバイスを受け入れ、燃え尽き症候群について詳しく調べてみることにした。ちょうどその前年、世界保健機関（WHO）が燃え尽き症候群を再定義していた[75]。燃え尽き症候群は、単なる「過労から生じるストレス症候群」ではなかった。それは、もっと日常的なものだった。WHOの定義によれば、燃え尽き症候群は「エネルギーの枯渇感や疲労感、仕事に対する心理的距離の増加や仕事に関連した否定的・皮肉的な感情、職業的効力感の低下」によって特徴づけられる、「職業的現象」だという。重要なのは、それは労働時間とは直接的な関係がないということだ。最大の問題は、働いている人が仕事についてどう感じているかなのだ。

その後、僕はこの事実から、生産性についてのひらめきを得ることになる。その数年前から、僕は仕事で多くを成し遂げるには楽しさを感じることが重要だと考えていた。医師になったばかりの頃から、3つの「P」、すなわち「遊び心」（Play）、「コントロール感」（Power）、「良い人間関係」（People）がもたらすフィールグッド効果についても理解していた。さらに、ビジネスを立ち上げてからの数年間では、行動を妨げているものを「アンブロック」することも上手くなっていた――それまでの自分を慢性的な先延ばし人間にしていた不確実性や、恐怖心、心理的慣性を乗り越えられるようになっていた。

でも、何かが足りなかった。1日の中に楽しい時間が増えるほど、仕事量も増えていった。仕事量が増えるほど、生産性の最後の障害物、すなわち燃え尽き症候群に近づいていく。仕事と人生を単に充実させるだけでなく、それを長続きさせる方法を見つけられなければ、フィールグッド・プロダクティビティの秘訣をいくら研究したところで、すべては無駄になってしまう。僕は生産性の基本をマスターしていた。でも、持続可能な生産性を習得していなかったのだ。

だから、僕は本を読み始めた。大量の書籍を読み進めていく中で、人の気分を悪くし、燃え尽き症候群へと導く原因が3つあることに気づいた。この3つは混同しやすいが、根本的に違うものだ。

まず、人は仕事を抱え込みすぎることで燃え尽きてしまう。毎日やるべきことを詰め込みすぎ、気分が悪くなるのだ。僕はこれを、**「頑張りすぎ型燃え尽き症候群」**と呼んでいる。

次に、休息を上手く取れないことから生じる燃え尽き症候群がある。十分な休息が取れていないと、良い気分は味わえない。細かな休憩だけでなく、頭脳と身体、精神のエネルギーを充電できる、長い休息だ。僕はこれを、**「休み下手型燃え尽き症候群」**と呼んでいる。

最後に、仕事に意味を見出せないために生じる燃え尽き症候群がある。長い年月をかけて、喜びや意義をもたらさないことに頑張り続けていると、人は疲弊してしまう。つまり、エネルギーを無駄遣いしているのだ。僕はこれを、**「目的喪失型燃え尽き症候群」**と呼んでいる。

母とテレビ電話をしてから数日後、僕は自分がこの3タイプの燃え尽き症候群すべてに当てはまっていることに気づいた。仕事を抱え込みすぎていたし、きちんと休んでいなかった。そして、ビジネスに意味を感じられなくなっていた。そのどれもが、僕の気分に——そして生産性に——悪い影響を及ぼしていた。

でもその数日後、僕はもっと心強いことに気づいた。**どの問題も、解決できる**ということだ。

「頑張りすぎ型燃え尽き症候群」とその回避策

僕はまず、仕事を抱え込みすぎるという問題から取り組むことにした。それまでずっと、あまりにも多くのことをやろうとしすぎていた。最初は、状況をどう打開すればいいのかわからなかった。ビジネスを完全に諦めることなどできなかった。でもあるとき、解決の糸口がつかめた。母に泣き言をこぼしてから数日後、僕は作家のティム・フェリスによる、世界的に有名なバスケットボール選手レブロン・ジェームズへのインタビューを聞いていた。僕はバスケットボールに詳しくなかったが、レブロンに強い興味を惹かれ、ユーチューブでロサンゼルス・レイカーズの試合動画を漁って、彼の凄さの秘密を探り始めた。しばらくすると、レブロンのプレーにはまったく対照的な2つの特徴があり、まるで2人のレブロン・ジェームズがいるかのようであることがわかってきた。

一人は、スプリンターのレブロンだ。自陣でボールを受け取ると、瞬く間に相手のネットの横に移動する。彼は時速17マイル〔約時速23キロメートル〕で走る、史上屈指の俊足NBAプレイヤーなのだ。

そしてもう一人は、歩くレブロンだ。ボールを持っていないときは、コート内をゆっくりとさまよっている。ボールを手にしても、レブロンなら走る必要がない場合もある。なぜなら、彼は10メートル以上離れたところからシュートを決められるからだ。

専門家は、この対比がレブロンの選手生命の奇妙なまでの長さの理由だと考えている。レブロンは2000年代半ばからNBAで大活躍していた。平均すると、NBAプレイヤーの選手生命は約4年半で、シーズンの出場試合は50試合程度。だがレブロンは19年間にわたって、シーズン平均70試合以上に出場してきた。

なぜレブロンはこれほど長い期間、活躍し続けられたのか？　その答えは、試合中に歩いている時間が多いことに関係しているようだ。

スポーツアナリストたちは、レブロンや他のNBA選手のコート内外での大量のデータを細かく分析し、同じことを発見している。レブロンは瞬間的には郊外を走る車と同じスピードで疾走できるが、平均するとNBAプレイヤーの中で、プレー中の移動速度がかなり遅い部類に属する。たとえば2018年シーズン、彼の試合中の平均速度は時速3・85マイル〔人間の歩行速度とほぼ同じ〕。1試合で20分以上プレーした選手の中では、下位10人に位置する。レギュラーシーズン中、レブロンはコートにいる時間の74・4％を歩いていた。これは他のどの選手とも比べ物にならないくらいに長い。

僕は思いがけず、自分のビジネスでの疲弊感を克服するためのヒントを、レブロン・ジェームズから得ることになった。僕は気づいた。頑張りすぎ型燃え尽き症候群は、やるべきことを抱えすぎ、それを速く終わらせようとすることから生じるネガティブな感情が原因であるということに。能力以上の仕事を受け入れ、十分な休憩を取ることができなければ、人は燃え尽きてしまう。常に全力疾走してはいけないのだ。

その解決策は？　そう、レブロンを見習えばいい。エネルギーを温存するのだ。**やるべきことを減らせば、ここぞという場面で力を発揮できるようになる。**

やるべきことを減らす

１９９７年、誰もがスティーブ・ジョブズに尋ねたかったことがあった。それは、「OpenDoc」（オープンドック）はどうなるのか、だ。それまでの5年間、アップルのエンジニアたちは、ユーザーが使用するファイルの作成、共有、保存方法に革命をもたらすべく、このソフトウェア・プラットフォームの開発に熱心に取り組んできた。だがその後、ジョブズはアップルのCEOに復帰すると、即座にこの開発プロジェクトを打ち切った。

当時、ジョブズが大失態を犯したと考える向きは多かった。だが、彼は簡潔な言葉で自らの考えの正しさを主張した。「世間では、何かに集中するとは、集中すべき対象にイエスと言うことだと考えられている。[76] でも、そうじゃない。何かに集中するとは、他の100個の良いアイデアにノーを言うことなんだ。イノベーションとは、1000個のアイデアにノーと言うことさ」

ジョブズのメッセージは明確だった。「ノーは、イエスと同じくらい重要」ということだ。「僕は、自分が成し遂げたことと同じくらい、やらなかったことを誇りに思っている」とジョブズは言った。

これは正しい判断だった。その後の10年間、アップルは大躍進を続け、2011年にジョブズが他界するときには、世界で最も時価総額の高い上場企業になっていた。

この教訓は誰にでも当てはまる。以下のような状況に心当たりはないだろうか？

・友人から来週夕食に行かないかと誘われる。その日は大きな仕事の締め切りがあるが、あなたはそれまでに仕事は終わっているはずだと考え、誘いに乗る。しかし案の定、締め切りが近づいても仕事はまだ完成に程遠い状態だ。

・会社の同僚から、数カ月後に予定している退屈そうな会議への参加を打診される。今は、とてもではないがそんな会議に出る暇はないが、数カ月先なら大丈夫だろうと高をくくり、承諾する。月日はアッと言う間に流れ、会議当日がやって来る。あなたは相変わらず忙しく、その退屈な会議のために重要な仕事を進められない。

・友人から、一緒にビデオゲームをしないかと誘われる。あなたの大好きなゲームだ。2カ月後に大きな仕事の締め切りを抱えているが、まだずいぶんと先の話だ。だから、「ワールド・オブ・ウォークラフト」を6時間プレイすることになる。そして8週間後、締め切りを逃してしまう。

どのケースでも、問題は単純だ。やるべきことを抱えすぎてしまうこと。目の前のことにイエスと言ってしまうために、後で苦しむ羽目に陥るのだ。

理由ははっきりしている。誰もが知っているように、やるべきことは、簡単に増えていくのだ。でも、だからといって対処策がないわけではない。

実験1　「将来の夢」と「今やるべきこと」を区別する

やるべきことを抱えすぎてしまうという問題に対処するための1つ目の方法は、自分が何に労力（エネルギー）を注ごうとしているのかを明確にすることだ。「ノー」と言うためには、何に「イエス」と言いたいのかをはっきりとさせておかなければならない。

そこでおすすめするのが、僕が「エネルギー投資ポートフォリオ」と名付けているリストを使うことだ。このリストの仕組みは単純だ。2列から成るリストをつくるだけ。左側のリストAには、将来の夢や、やってみたいことを列挙する。いつかはやりたいと思っているが、今すぐには

エネルギー投資ポートフォリオ

リストA（将来の夢や希望）	リストB（今やるべきこと）
中国語を学ぶ	筋トレをする
オートバイの免許を取得する	料理を学ぶ
アーチェリーを始める	もっとスカッシュをする
バンでアメリカ横断の旅をする	ポルトガル旅行を計画する
グランピングの会を企画する	
旅先でウェイクボードを楽しむ	
アクロヨガに挑戦する	
サーフィンを習う	
バリ島にスキューバダイビング旅行に行く	
デジタルノマドのような生活をする	
シックスパックの腹筋を手に入れる	

できないようなことだ。右側のリストBには、今、エネルギーを投資する対象を挙げる。現時点でエネルギーを注いでいる（または注ぎたい）ことを書こう。今とは、まさに今日、今週のことだ。

例として、僕のエネルギー投資ポートフォリオを紹介しよう。

リストAはどれだけ長くてもいい。いつかやりたいこと、実現させたい夢を好きなだけ書こう。一方のリストBは、現在取り組んでいること、取り組みたいことを厳選して書く。「投資」という言葉を使っているのは、その対象にエネルギーを投資し、（うまくいけば）そのリターンとして何らかの価値を得ようとしているからだ。リストBは、自分が今投資できる時間とエネルギーに基づいて絞り込まなければならない。これには個人差がある。僕自身は5つくらいが適量だと思っているが、小さな子どもがいたり、仕事が忙しかったりする人は、せいぜい3つ、少なければ1つになるかもしれない。いずれにしても、このリストは1桁台にとどめておくのが賢明だ。

リストAのアイテムをリストBに移したいときは、それに投資する時間とエネルギーを確保しておく必要がある。人は選択肢が多いと、何から手をつけていいかがわからなくなる。脳は常に、「今はコレをしているけど、もしかしたらアレもできるかもしれないし、ひょっとしたらソレもできるかもしれない」と考えている。これは危険だ。家のリフォームをしながら、仕事で大きなプロジェクトに取り組み、同時に日本語を勉強し、ブログを立ち上げ、子どものサッカーチームのコーチをしたりしていると、そのどれもがストレスに感じられるようになってしまうだろう。

エネルギー投資ポートフォリオをつくっておくことは、次々と目の前に現れる「やりたいこと」の誘惑に抗うために極めて重要である。僕たちは何でもできると思いがちだ。でも、それは間違っている。**生産性を持続させるためには、自分の時間の限界を知っておかなければならない。**時間が無限にある人などいないのだから。

実験2
「ノー」の力を活用する

「ノー」と言うことの大切さはわかっていても、実際に言うのは難しいものだ。現実的には実現するのが難しくても、つい「イエス」と言ってしまうことがある。こんな場合に、きっぱりと断るにはどうすればいいのだろうか？　僕のお気に入りは、作家でミュージシャンのデレク・シヴァーズが提唱している、「絶対イエスか、さもなきゃノー」という方法だ。[77] つまり、新しく何かを始めるかどうか、人の誘いを受けるかどうかなどで迷ったときは、「絶対にやりたい！」か「やらない」の2択で考えるのだ。その中間はない。

この基準に従えば、95％の物事は拒否すべきということがわかるはずだ。「絶対にやりたい！」と思えることなんて、めったにない。たいていは、「もしかしたら役に立つかもしれない。ちょっと面白そう。なら、やってみるか」という程度のものだ。脳はこんなふうに、何かをやることを正当化しようとする。でも、物理的にそれをやる時間がないのなら、脳の声に従うべきではない。すでにどれだけ多くのことを抱え込んでいるかをよく考えよう。**「絶対やりたい！」と思えないのなら、やる価値はないと見なせばいい。**

もう1つの方法はさらに簡単で、ちょっとした視点の変化、いわゆる「リフレーミング」を用いたものだ。具体的には、経済学で「機会費用」と呼ばれるものについて考えることだ。機会費用とは、何らかの選択肢を選んだときに、その対象に投じる時間とエネルギーを使ってできたはずの他の選択肢の価値のことである。

たとえば、同僚から追加の仕事を頼まれたとする。もしあなたの目標が昇進や昇給で、その仕事を担当するのがそのための手段であるなら、答えは「イエス」なのかもしれない。でも、それによって失われるものがあることにも目を向けなければならない。子どもと公園で遊ぶ時間や、久しぶりに友人に会う時間、じっくり眠る時間などが、犠牲になるのではないだろうか。

最後に、「ノー」と言うことが持つ力に関する世界有数の専門家であり、「フォーチュン500社」のCEOやリーダーのアドバイザーでもあるジュリエット・ファントがおすすめする方法を紹介しよう[78]。ファントは『WHITE SPACE：仕事も人生もうまくいく空白時間術』（東洋経済新報社）の著者で、考えるスペースをつくることが持続可能な生産性の秘訣であると主張している。僕はこの本のために彼女にインタビューし、「あなたの研究の中で、最も実践的かつ実行可能なものは何ですか？」と尋ねた。彼女は「6週間の罠」という現象について教えてくれた。これは、人は6週間ほど先の空白の多いスケジュール帳を見て、「この時期なら大丈夫」と予定を簡単に入れるが、実際にその日が近づくと、他の予定が埋まっており、うかつに「イエス」と言うべきではなかったと後悔するというものだ。

ファントが提案する解決策は、数週間後の予定を入れるときに、「もしこれが明日のことなら、私は喜んでイエスと言うだろうか？　それとも、先のことだから安請け合いしているだけなのだろうか？」と自問してみることだ。

僕たちはつい、「6週間後なら、スケジュールに余裕があるはずだ」と考えたくなる。だが、実際にはそんなことはない。6週間後になったら、それは今日と同じように忙しいはずだ。「明日でもやるか？」と考えたときにイエスと思えないのなら、いくらその予定がずいぶんと先のことであったとしても、イエスと言うべきではない。

「適度に気を散らす」ことが最適なパフォーマンスを呼ぶ

次のエネルギー節約の方法は、2つの事実に基づいている。1つは、よく知られているように、人間はマルチタスクが苦手だということ。もう1つは、あまり知られてはいないが、人間はマルチタスクが苦手だという事実は少しばかり誤解されているということだ。

僕はこのことを、2012年にコンピュータ科学者のレイチェル・アドラーとラクエル・ベンブナン＝フィッチが行った研究から学んだ。[79] 2人は実験で、被験者にコンピュータ上で、数字（数独）パズル、単語パズル、間違い探しなどの6つのタスクを行わせた。被験者は2つのグループに分けられた。マルチタスクを行わないグループでは、被験者はそれぞれのタスクを順番に1つずつ行う。つまり、まず数字パズルを終了してから、次に単語パズルに取り掛からなければならない。マルチタスクを行うグループでは、画面に6つのタスクごとのタブが表示され、被験者はタブをクリックして自由にタスクを切り替えながら作業を行える。

結果は意外なものだった。予想されたように、最もパフォーマンスが悪かったのは、タスクの切り替えが一番多かった（気が散っていた）被験者だった。しかし、最もパフォーマンスが良かったのは、タスクの切り替えが一番少なかった（1つずつ順番にタスクを行った）被験者ではなかったのだ。実験結果をもとに縦軸を「生産性（パフォーマンス）」、横軸をタスクの切り替え数としたグラフを作成すると、逆U字型のパターンが現れた。中央に位置していたのは、健全なレベルで気を散らしていた被験者だった。つまり、**最高のパフォーマンスを発揮したのは、適度にタスクを切り替えていた人たち**だったのだ。

気が散ることは、なぜこのような効果を生じさせるのだろうか？　集中する対象を頻繁に変えるとパフォーマンスが落ちる現象は、専門用語で「スイッチング・コスト」と呼ばれる。これは、タスクの切り替えによって認知的・時間的リソースが浪費されてしまうために生じる。あるタスクを中断し、別のタスクに意識を向け、その新しいタスクの要求に適応するために要する精神的な労力が大きいことは、誰でも想像できるはずだ。これは、この図の右側に位置する被験者のパフォーマンスに影響した問題だった。一方で、1つのタスクに集中しすぎると、認知リソースを使い果たし、結果として集中力が落ちてしまうことがある。これは、この図の左側に位置する被験者に影響した問題だった。

つまり、最適なパフォーマンスのためには、ほとんどの時間を1つのタスクに集中しつつ、過度な集中は避け、適度に気を散らしたほうが望ましい（そのことで自分を責める必要もない）という

タスク数と生産性の関連

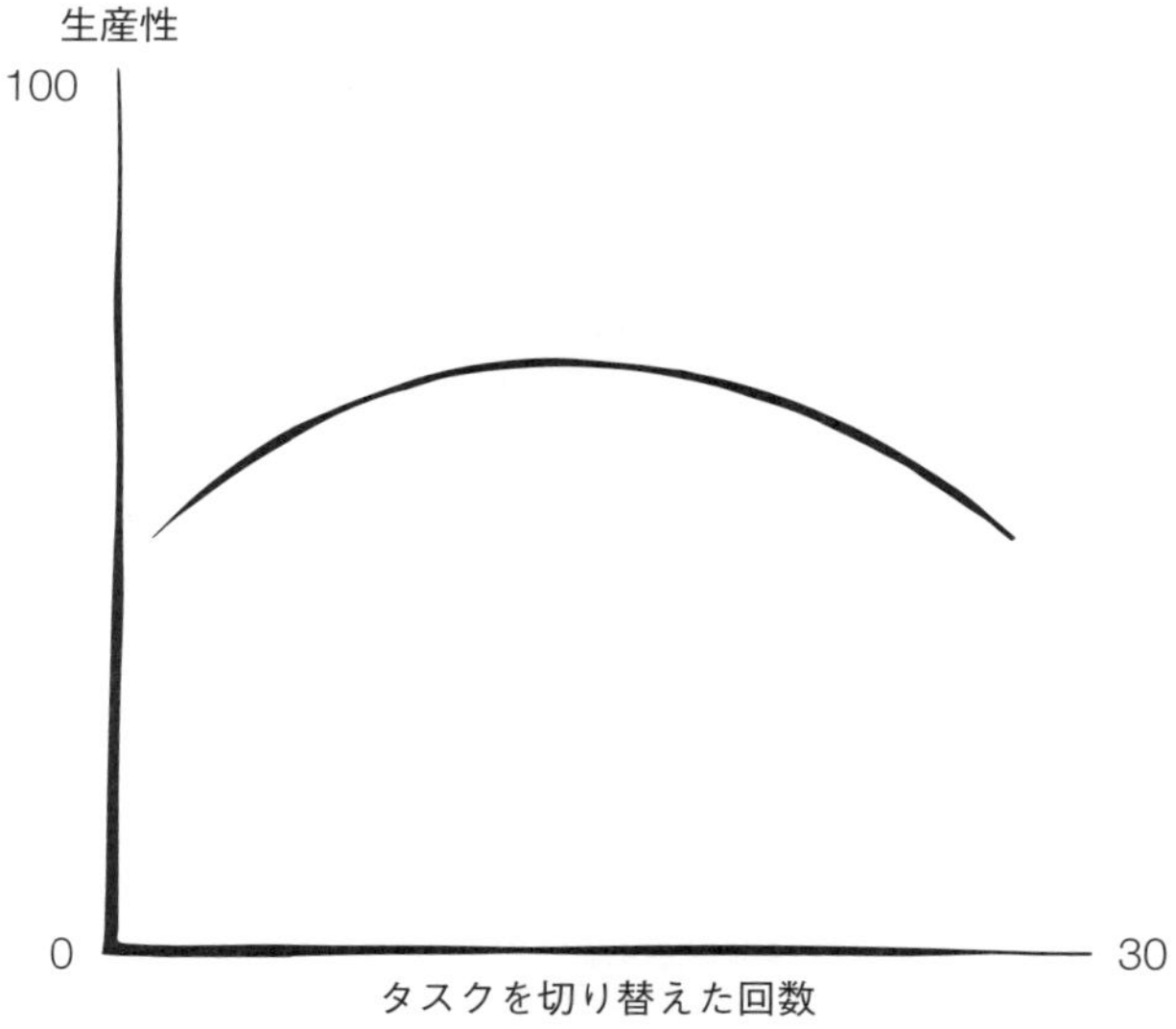

わけだ。では、どうやってこれを実現すればいいのだろうか?

実験3
摩擦を加える

最初の答えのヒントは、またしても物理法則から得られる。第6章では、人が何かを始めるのを妨げる摩擦の力について学んだ。ギターはテレビの前に置くより、部屋の片隅に置いているほうが手に取りにくくなる。注意散漫になるのを防ぐには、この論理を逆手に取り、**気を散らすものと自分とのあいだに障害物をつくればいい**のだ。ここではこれを、「摩擦を加えること」と呼ぼう。

スポーツジャーナリストのデイ

ビッド・レンゲルの例を考えてみよう。レンゲルは2人の幼い子どもを抱え、多くの仕事に追われていた頃、気が滅入るような現実に気づいた。毎日、妻と子どもと一緒に過ごせるのは、夜の2時間程度しかなかった。[80] にもかかわらず、その時間のほとんどを、スマートフォンの画面を見ることに費やしていたのだ。「こんなことでいいのだろうか？」。ある晩、彼は自問した。「私はこんなふうにして、残りの人生を過ごしていくのだろうか？」

　彼の解決策は、ノキアの端末を買うことだった。といっても、タッチスクリーン式の、アプリを満載した最新型のものではない。頑丈なつくりで「壊れない」ことで有名な、旧式の「Ｎｏｋｉａ　３３１０」だ。古めかしい2Dゲームの「スネーク」がインストールされ、ピクセルは巨大で画面は粗い。その効果はてきめんだった。最初は妙な喪失感を覚えた。通勤電車では、他の乗客がみんなスマホでツイッターをチェックしている中、手持ち無沙汰でやることもなく、ひたすら親指をくるくると回した。しかし時間が経つにつれて、その感覚は和らいでいった。そして、

「それから魔法が起こり始めた」

「途中で携帯電話の画面を覗き込んだりすることなく、まともなテレビ番組を見たり、読書に集中したりできるようになった。妻と何かを一緒にすることも増えた」とレンゲルはガーディアン紙の記事の中で回想している。「インスタグラムばかり見ている彼女を、現実に引き戻そうとすることすらあった」。それは彼の集中力を根本から変えた。日々の暮らしの中で、喜びを感じる瞬間が増えた。

レンゲルはスマートフォンの使い方に摩擦を加えた。だが、同様の方法で集中力を高めるのに、スマホを旧型の端末に買い替える必要はない。もっと単純な方法から始めてみよう。まずは、ついつい見てしまうSNSアプリを、スマホから全部アンインストールしてしまおう。そうすれば、これらのSNSには、Webブラウザからアクセスしなければならなくなり、少し手間が増える。このわずかな時間が、何も考えずに惰性でツイッターを見ていないかどうかを考え直すきっかけになる。この方法がうまくいかなければ、SNSを使い終える度にログアウトしてもいいだろう。次にアクセスするときにログインし直さなければならないので、30秒ほど時間がかかる。これが心理的な壁になって、SNSを見ようという気が起こらなくなる場合が多い。

次に、もっと徹底した方法を紹介しよう。高速インターネットの普及によってアプリやサイトへのアクセス速度が劇的に向上し、僕たちはそれらにエネルギーを吸い取られやすくなってしまった。それを回避するために、特定のアプリへのアクセス時間を強制的に遅くするツールをスマホにインストールするのだ。このツールをインストールすると、90年代のダイヤルアップモデムを使っているみたいにアクセスが遅くなるので、なかなか画面の情報が更新されない。また、ツイッターやインスタグラムを開く度に、「深呼吸しましょう」という文字が表示され、3秒後に、ツイッターやインスタグラムを開くかどうかの選択肢が提示される。

僕もこの手のツールを使っているが、こうしたちょっとした障壁によって、「自分は今、本当にツイッターやインスタグラムが見たいのだろうか？」と一歩立ち止まって考えるようになる。

それでも見たいと思う場合もあるが、たいていは「別に見たくはない。習慣でアプリをクリックしただけだ」と思い直す。そして、そのままアプリをログオフする。

実験4
集中力が途切れたら、軌道修正をする

これまで見てきたように、気が散ったからといって、それで世界が終わりになるわけではない。むしろ、生産性が最も高いのは、適度に気を散らせながら、生産性を大きく落とさないようにできる人たちだ。とはいえ、それを実践するのはそう簡単なことではない。

飛行機にたとえてみよう。ロンドンからニューヨークに向かう便に乗っているとする。フライトの途中で、「強風と乱気流の影響で、飛行ルートを数度変えてフライトしています」という機内アナウンスが流れる。たいしたことはないと思っていると、続けて「そのため当初の目的地を変更し、ブエノスアイレスに着陸します」と告げられる。僕たちの集中力も同じだ。ちょっと気が散ったと思っていたら、いつの間にか遠く離れた場所に辿り着いている。

もちろん、物事が少しうまくいかなくなったからといって、完全にダメになるとは限らない。同僚からの迷惑なメールのせいでその日の仕事を終わらせられなくなることはあっても、その状況が永久に続くわけではない。足を痛めて1週間ランニングができなくなることはあっても、怪我が治ればまた走れる。強風のために飛行機が5分遅れることはあっても、ブエノスアイレスに

到着することはめったにない。

それでも日々の仕事の中で、客観的に考えればおかしな論理に従ってしまうことはある。ブロガーのネイト・スワレスは、これを「もう、どうにでもなれ現象」と呼んでいる。[81]

- 「SNSを5分見てしまったので、そのまま3時間続けてもかまわない」
- 「朝の筋トレを休んでしまったから、もう今日はダメだ。何もしないで1日中テレビでも見ていよう」
- 「語学学習アプリを1日サボった。いっそ語学の勉強はやめてしまおうかな」

これは、僕たちが膨大なエネルギーを浪費してしまう大きな原因だ。このようなパターンを繰り返さないためには、軌道を修正する力が必要だ。

その解決策は、ここでも単純なリフレーミングになる。前述したように、気が散るのは完全にはなくせない。だから、**「多少は気が散ってもかまわない」と考えよう。**気が散るのは、ちょっとした道草みたいなもの。それまでしていたことを完全にやめるべきだという合図ではない。軌道修正さえすれば、まだ目的地に着けるのだ。

そのために役に立つヒントは、瞑想から得られる。瞑想の指導者は、瞑想は難しく、途中で心がさまよいやすくなるのを知っている。だからセッションの終盤、参加者にこう声をかける。

「瞑想に深く入り込めなくても、問題ありません。もう一度やり直せばいいのです。1分間集中するのは、何もしないよりはるかにマシです」

僕も、作業中に気が散ってきたと感じたら、「もう一度やり直そう（Begin again）」という言葉を唱える。この言葉には強い力がある。少し失敗したからといって、「もうどうでもいい」と思ってはいけない。それまでどれくらいのことをやったか、あるいはやったと思っているかにかかわらず、大切なことはいつでも再開できるのだ。

もっと休憩する

2008年、心理学者のジェームズ・タイラーとキャスリーン・バーンズが、大学生60人を対象に実験を行った[82]。学生たちは一人ずつ研究者に背を向けて片足立ちをし、そのまま6分間、「2000」から「7」を引いた数をカウントダウンする（2000、1993、1986、1979……）という体力・精神力を消耗するタスクをするよう求められた。

学生たちは、計算能力をテストされていると思っていたかもしれない。しかしタイラーとバーンズの関心は、その後に実施した実験の後半部分にあった。片足での運動の後、学生たちは無作為に3つのグループに分けられた。次のタスクに進む前に、1番目のグループは休憩を1分間、2番目のグループは3分間、3番目の一番幸運なグループは10分間与えられた。

休憩後、学生たちは実験室に戻ると、再び研究者に背を向けて立ち、今度は「利き手でないほうの手でハンドグリップをできるだけ長く握る」というタスクを行うよう指示された。実験者は、学生たちがハンドグリップを握り続ける時間を測定した。

その結果は、単に学生たちの握力の違いしか示していないのではないだろうか？　そうではなかった。学生たちがハンドグリップをどれくらい長く握り続けるかの主な決定要因は、その直前の休憩時間の長さだったことがわかったのだ。1番目と2番目のグループの結果に大差はなかった。ハンドグリップを握り続けた時間は、1分間休憩した1番目のグループは平均34秒間で、3分間休憩した2番目のグループは平均43秒間。ところが10分間休憩した3番目のグループは違った。実に、平均72秒間もハンドグリップを握り続けたのだ。この研究の結論はシンプルなものだった。つまり、自制心を必要とする2つの作業のあいだに十分な休憩を加えると、過度な努力によるパフォーマンス低下を防ぐのに役立つということだ。

タイラーとバーンズの研究は、この章で紹介する、エネルギーを節約する方法の3番目になる。ここまでは、「ノーと言うこと」と「気が散る対象を取り除くこと」の大切さを説明してきた。けれども、この2つだけでは、まだカバーしきれていないものがある。つまり、生産性を高めるには、休憩時間が不可欠だということだ。しかも、世間一般で思われている以上に長い時間が必要だ。

多くを成し遂げるのは、何もしていない時間を優れた結果に結びつける能力がある人である場合が多い。ソフトウェア会社のドラジウムグループによる、従業員が各種のタスクに費やした時間と生産性の関連を調べた研究がある。最も生産性が高かったのは、机にかじりついて休憩を取らずに働いていた従業員ではなかった。「1時間ごとに5分間」という一見すると適度に思える長さの休憩を取っていた従業員でもなかった。最も生産性が高かったのは、一般的な常識を超えた長さの休憩を取っていた従業員だった。このグループの従業員は、なんと作業52分に対し、休憩を17分も取っていたのだ。

そんなわけで、エネルギーを節約するための3番目の方法は、これまでの2つの方法よりもさらに簡単になる。仕事中に何もしない時間をつくること。そして、それを良いものとして受け止めることだ。

実験5
休憩時間を予定に組み込む

休息がもたらす回復力を活用するための1番目の方法は、ばかばかしいくらいに簡単だ。「何もしない時間」を、スケジュール帳に予め書き込んでおくこと。それも、今まで自分が適度だと思っていたよりも長い休憩時間を確保することが大切だ。

現代の知的労働では、心理学で言う「自己制御力」が求められる。[83] これは、自分の行動や思考、感情をコントロールする力のことだ。たとえば、僕が今この文章を書いているとき、「コンピュータの前から離れて、もっと楽なことをしたい」という誘惑に抗って執筆に集中するためには、自己制御力が必要になる。

自己制御力は心理学で、簡単に枯渇してしまう限られた資源のようなものだと考えられている。僕がこのまま椅子に座ってこの本を書いている時間が長くなればなるほど、書き続けるのは難しくなる。この資源を「使い切ってしまう」ことになるからだ。だから、長時間何かを続けていくためには、エネルギーを補充する仕組みをつくっておかなければならない。

そのことは、僕が働いていた救急外来でも驚くほど徹底されていた。救急外来での初勤務の日、5時間続けて働こうとしたときに体験した出来事は、今でも強く印象に残っている。待合室は100人以上の患者がひしめき、椅子が足りずに立っている人もいた。蘇生室も重篤患者であふれている。診療室がすべて埋まっていたので、廊下の真ん中で診察を受けなければならない患者もいた。

僕は完全にお手上げ状態だった。シフトは午前8時に始まり、すでに午後1時になっていた。他の医師に比べて仕事が遅いことに後ろめたさを覚えた僕は、昼食を抜き、そのまま患者を診続けようと思っていた。

次に誰を診察しようかと患者のリストを眺めていると、病院コンサルタントのアドコック医師に肩を叩かれた。

「アリ、君はまだ休憩を取っていないはずだ。今すぐ昼食を取りにいったらどうだ」。彼はそう言って眉を上げ、首を傾げた。重要な知らせを告げるときに、彼はいつもこの仕草をする。

「ありがとうございます。でも、大丈夫です」僕は答えた。「お腹は空いていませんし、患者もたくさん待っています。このまま診察を続けて、後でコーヒーでも飲みます」

僕は、アドコック医師は「いいぞ、その意気だ」と言って僕の肩を叩き、新米医師の意気込みに感心しながらその場を立ち去っていくだろうと思った。でも、そうではなかった。アドコック医師は僕の後ろから手を伸ばし、僕のコンピュータ・ディスプレイの電源をオフにした。

僕が戸惑いながら振り向くと、彼は微笑んだ。「君が初勤務で、張り切っているのはよくわかる。だが、待ち患者がなくなることは決してないんだ。私は医療の世界に長く携わっているから、そのことをよく知っている。休憩を取らなければ、集中力が途切れてミスをしてしまう。それは誰のためにもならない」

僕は周りの様子を見回した。向かいの部屋で非常ブザーが鳴っている。廊下には担架に乗せられた患者が運ばれている。まさにカオスだ。

アドコック医師は、僕の視線を追いながら言った。「疲れ切っていたら、誰の役にも立てない。休憩を取って英気を養い、再び集中することで、良い判断ができるようになるんだ。君が昼食を取ったからといって、誰も死んだりはしない。休憩時間は常にあるものと考えるんだ」

救急医療の混沌とした現場の中で、この病院の医師全員が厳守していた黄金のルールがあった。「4時間ごとに休憩を取る」だ。僕は救急科で働き始める前、これは映画『パイレーツ・オブ・カリビアン』でバルボッサ船長が説明した「海賊の掟」みたいな、形だけのものだと思っていた。

「この掟は規則というより、心得のようなものだ」――。

でも、僕は間違っていた。病院コンサルタントの仕事は、戦場で部隊の動きを指示する将官の仕事に似ている。アドコック医師にとって何よりも重要な仕事は、医師全員が必ず4時間ごとに休憩を取るようにすることと、このルールのために院内で医師が手薄になっている部門がないようにすることだった。

あの日、救急外来で体験した運命の昼休みのことを、僕は今でも忘れていない。毎日、仕事を始める前には、一番体力的にきつくなりそうな時間帯に、15分間の休憩を取ることを予定として組み込むようにしている。無理をして休憩も取らずに仕事を続けたいと思ったときには、「頑張り続ければ、次第にパフォーマンスは落ちていく」という自己制御の科学を思い出すようにしている。たとえ休む必要はないと感じるときでも、休息の重要性を忘れるべきではないのだ。

アドコック医師のエピソードは大切なことを教えてくれる。たとえ命を救う仕事をしていても、**休憩は特別なご褒美のようなものだと見なすべきではない。それは、絶対に取らなければならないもの**なのだ。

実験6
「元気になる気晴らし」を楽しむ

ただし、すべての休憩をスケジュール帳に書き込んでおく必要はない。予定外の息抜きが、大きなメリットをもたらしてくれることもある。僕はこれを「元気になる気晴らし」と呼んでいる。

僕がこの種の気晴らしの力について考えるようになったきっかけは、ベトナム人の禅の指導者、ティク・ナット・ハンの著作を読んだことだった。「マインドフルネスの父」と呼ばれることも多いが、ナット・ハン自身はこの言葉を使ったことはない。彼は自らの仕事を、古代の仏教の知恵を世界に紹介することだと考えていた。ナット・ハンはその活動を、1960年代にベトナム戦争を支持しなかったために南ベトナムから追放された後で始めた。

僕がナット・ハンのアイデアの中で特に強い印象を受けたのは、「覚醒の鐘」だ。ナット・ハンが1982年にフランスで創設したプラム・ヴィレッジ修道院にちなんで「プラム・ヴィレッジ」と名付けられた仏教共同体では、鐘は瞑想の開始を告げるために使われている。ただし、それ以外にも、鐘は1日を通じて不定期に鳴らされる。共同体で暮らす者たちは、この予期せぬ鐘の音を聞くとそれまでしていたことの手を止め、自分の心の状態に意識を向ける。この鐘の音は、人々に「今、ここにあること」を促すのだ。

僕はナット・ハンの教えを知り、人の気をそらすものにも、良いものがあることに気づかされた。たしかに、僕たちの注意を奪うものの中には、SNSの通知など、何かを成し遂げようとすることを妨げるものがある。けれどもその一方で、日常の良いスパイスになるものもある。こうした気晴らしは、いったん立ち止まって考え、物事をもっと適切なペースで進めるように仕向けてくれる。

考えてみると、僕はこの「元気になる気晴らし」を、何年も前から無意識に使っていた。大学時代、僕は友人との触れ合いが学生生活の良い気晴らしになると思っていた。だから、寮の自室で勉強しているとき、ドアストッパーを使ってドアを開けたままにしておいた。僕の部屋の前を通りかかった寮友たちは、気軽に顔を出してくれた。たしかに、これはエネルギーの無駄遣いかもしれないし、短期間で見れば勉強の効率も落ちていたのだろう。でも、友人との充実した時間は、それ以上に僕を元気にしてくれた。今、大学時代を振り返って、「もっと効率的に勉強しておけばよかった」とは思わない。むしろ、友人たちと偶然の触れ合いができる時間をつくれてよかったと思う。

気晴らしは、喜びを連れてくる。それはナット・ハンの「覚醒の鐘」のように、束の間、手を止めて我に返るための誘いだと思えばいい。人は、常に集中し続けることはできない。**小さな気晴らしのための扉を開けておけば、思いがけない出会いや喜びが入り込んできてくれるのだ。**

この章のまとめ

・燃え尽き症候群の最大の原因は疲労ではなく、気分が落ち込むこと。気分が良くなれば、多くを達成できるし、行動を長続きさせられる。

・燃え尽き症候群は3つに大別できる。この章では、その一つである「頑張りすぎ型燃え尽き症候群」を取り上げた。解決策は、やるべきことを減らすことだ。
・その実践方法は3つ。1つ目の方法は、軽はずみに新しい仕事を引き受けたり、何かを始めたりしないこと。集中すべきプロジェクトの上限を決め、「ノー」と言うことに慣れよう。「全精力を注ぐプロジェクトを1つだけ選ぶとしたら、何だろうか？」と自問しよう。
・2つ目は、気が散らないようにすること。スマートフォンのSNSアプリをアンインストールして、どうしても見たい場合はブラウザからアクセスするようにしよう。気が散ってしまったとき（それは起こり得ることだと想定しておこう）は、どう軌道修正して、やるべきことをどう再開するかを決めておこう。
・3つ目は、何もしない時間を予定しておくこと。休憩は特別なご褒美ではなく、必要不可欠なものだと考えよう。もっと休憩を増やすにはどうすればいいかを検討してみよう。

第８章
上手に休む

２０２０年は、オックスフォード大学出版局の辞書編集者にとって難しい年だった。彼らはオックスフォード英語辞典（ＯＥＤ）の編纂という主な仕事に加えて、毎年、その年を象徴する新語を選ぶという作業にも携わっている。長年、「今年の単語」と題されたこの流行語大賞に選ばれる語は、時代精神を表すとして世界的なニュースになってきた。２００８年は「信用収縮」（credit crunch）、２０１３年は「自撮り」（selfie）、２０１５年は「😂」（うれし泣き顔の絵文字：Face with Tears of Joy）だった。

しかし２０２０年の選出作業はかつてないほどに難航した。新型コロナウイルスの感染が世界的に拡大する中で、「ロックダウン」「ソーシャル・ディスタンス」「スーパー・スプレッダー」といった新たな用語が次々と辞書に掲載された。

結局、オックスフォード大学出版局はこの年の「今年の単語」を決めきれず、「我々は、言葉が驚異的な幅で変化し、発展した2020年は、1単語で適切に象徴できるような年ではなかったと結論付けた」と声明を出した。[84]

とはいえ、僕は自分にとってのこの年の「今年の単語」を選べる。それはこのOEDの報告書の6ページに掲載されている、「ドゥームスクローリング」(doomscrolling)(SNSなどで悲観的な情報ばかりを見続ける行為)という言葉だ。ご多分に漏れず、僕も2020年の休憩時間の大半を、何も考えずにSNSの画面をスクロールすることに費やした。「リラックスしなければ」と内心では思いつつ、実際には、たとえば「ロックダウンがバーモント州の高級ロウソクメーカーにもたらした経済効果」についてのツイートを延々と読み続けていたりした。

同じ状態にはまり込んでしまった人は多いはずだ。長い1日の仕事を終え、ソファのお気に入りの場所に腰を下ろし、スマホを片手にわずかな時間、リラックスタイムを過ごそうとする。けれども、穏やかに休息するのではなく、悲惨な記事やツイート、動画を次から次へと消費し、終わりのないネガティブな渦に吸い込まれていく。最初にその犠牲になるのは気分だ。休んでいると思っていても、実際にはまったく休息になっていない。

前章では、仕事を抱え込みすぎたり、十分な休憩を取らなかったりすることで、気分が落ち込み、無理をして燃え尽きてしまいやすくなることについて説明した。そしてその解決策として、エネルギーを節約する方法を示した。しかし、「仕事から離れている時間」をどう過ごすかも、燃え尽き症候群の原因になり得る。ドゥームスクローリングをしたり、テレビを浴びるほど見た

エネルギーが枯渇していると感じたときにやりがちな活動	英気を養える活動
インスタグラムを見る	散歩をする
ティックトックを見る	ギターを弾く
ソファに寝そべりネットフリックスの番組を延々と見続ける	友人に連絡して食事に誘う
ツイッターを見て、炎上している出来事に煽られて嫌な気分になる	ヨガやストレッチをする
デリバリーフードでジャンクフードを注文する	ジムに行きトレーニングをする

り、メールやチャットツールの通知を何も考えずにチェックしたりしてオフの時間を過ごしていると、良い気分にはなれない。

その結果生じるストレスは、僕が「休み下手型燃え尽き症候群」と呼ぶものの一因となる。これは、本当にリフレッシュできるような時間の使い方、場所の選び方ができていないために生じるタイプの燃え尽き症候群だ。

簡単なワークをしてみよう。5分間のタイマーをセットし、リストを2つ作成する。左列には、あなたにとって「エネルギーが枯渇していると感じたときにやりがちな活動」を、右列には「英気を養える活動」を列挙する。上の表に、僕の例を示す。2列の内容が、まったく対照的なものになっている。同じような結果になった人は多いのではないだろうか。

疲れているときについやってしまうことと、実際にエネルギーを充電できることは、こんなにも違う。休息と思っていることが、本当の休息になっているとは限らない。僕たちは、休憩時間や休日に、英気を養い、燃え尽き症候群を防ぐのに役立つような活動ばかりをしているわけではない。では、ジャンクフードを食べながらSNSやテレビをひたすら見続けるような休息の過ごし方ばかりをするのをやめ、良い気分になる活動を増やすにはどうすればいいのだろうか？

創造的な活動をする

詩を書いたり、絵を描いたりするといった創造的な活動に没頭して、それが終わった頃には心配事をすっかり忘れていたといった体験をしたことはないだろうか？

これは科学的に検証可能な現象だ。サンフランシスコ州立大学とイリノイ州立大学の心理学者チームによれば、こうした創造的な活動はリラックス効果が高い。[85] また、人を良い気分にさせる特徴が4つあるという。僕はその頭文字を取って、「CALM」と呼んでいる。

まず1つ目の特徴として、創造的な活動は、**「有能感」**（Competence）を高められる。第2章で学んだように、人は新しい技能を身につけていると感じると、エネルギーが湧く。クリエイティブな行為をしているときは、特にそれが当てはまる。詩を書いたり、絵を描いたりすると、自分の技術が上達しているのを体感するので、有能感が向上する。

2つ目に、創造的な活動は、**「自律性」**（Autonomy）を刺激する。これも第2章で説明したように、自分の仕事に対してコントロール感を持てると、気分が良くなる。創造的な活動をするとき

「CALM」効果

有能感（Competence）　自律性（Autonomy）　解放感（Liberty）　くつろぎ（Mellow）

に自律性を感じられると（たとえば絵を描くときに、何を、どのように描くかを自分の思い通りにできると）、元気が湧いてくる。

3つ目に、創造的な活動は、**「解放感」**（Liberty）を与えてくれる。つまり、仕事のことを忘れられる。「仕事モード」を引きずったまま、ギターの演奏に没頭はできない。それは、仕事生活から僕たちを解放してくれるのだ。

4つ目に、創造的な活動からは、**「くつろぎ」**（Mellow）が得られる。創造的な活動は、誰かと競争したりしない限り、リラックスして気楽に関われる。ゆったりとしたBGMを聴きながら友人にプレゼントするセーターを編んでいると（たとえば、2000人のライバルがいて、締め切りが迫っているニット・コンテストにセーターを出品する場合よりも）、仕事のストレスから解放されやすい。

このように、創造的活動は4つの方法で僕たちを元気にしてくれる。では、この「CALM」効果をもたらしてくれる創造的活動を見分け、それを生活に取り入れるには、どうしたらよいのだろうか？

実験1
「CALM」な趣味を楽しむ

ジョージ・Ｗ・ブッシュ元米大統領、英国王チャールズ3世、ポップ・スターのテイラー・スウィフト――。この3人には、はっきりとした共通点がある。全員、とてつもなく裕福で、荒唐無稽な陰謀論の対象で、頻繁に豪華な世界ツアーをしている。しかし、意外な共通点もある。それは、絵を描くのが好きだということだ。ブッシュは退役軍人を、チャールズ3世は少し風変わりなスコットランドの風景を、スウィフトは海の風景や、花、葉など様々な対象を、大胆で雰囲気のある色彩で描く。

絵を描くのは、ＣＡＬＭの典型的な活動だろう。経験が浅くても、描き続けていれば上達し、有能感は高まっていく。また、何をどう描くかを自分で選べるという意味で、自律性がある。日常から離れられるので、解放感が得られる。そしてこれは穏やかでリラックスした、くつろげる活動だ。

しかしほとんどの人にとって、絵を描くことが重要なのは、それがあくまでも趣味であるという点だ。それは特別な目的もなく、金銭的な利益を求めるわけでもなく、純粋に好きに楽しむものなのだ。

ＣＡＬＭな活動を日常生活に取り入れるのに、趣味はうってつけだ。何より、趣味には気楽に関われる。それは勝ち負けを競うものでもなければ、ビジネスでもない。

こうした創造的な趣味のメリットを最大限に活かすには、日常から離れ、ストレスを感じずに活動そのものを楽しむことだ。時間を決め、仕事や私生活とは明確な境界線を引き、創造的な活動に集中する。専用のスペースや部屋をつくったり、創造的な活動をしているときは仕事のメールの通知をオフにしたり、時間を決めて定期的に行ったりしてもいいだろう。

また、趣味は高みを目指すものではなく、過程を楽しむべきものだと心得ること。絵を描いたり、何かを創作したりするときは、「いいものをつくろう」とすることばかりに気を取られるべきではない。失敗したり、あれこれ実験したりしながら、自分のペースで取り組めばいい。一番の目標は、専門家や達人になることではない。楽しむことと、元気になることなのだ。

エネルギーを充電するという意味では、趣味を「仕事」に変えたいという衝動は抑えたほうがいい。2017年、ジョージ・W・ブッシュは『Portraits of Courage』（勇気の肖像）と題した画集を出版した。ブッシュが描いた退役軍人たちは多少デフォルメされてはいたものの、批評家はその画力の高さに驚いた。とはいえ、このように大勢の目にさらしたり、収益化したりするといった形で趣味の成果を公にすることにはリスクがある。趣味が純粋な娯楽ではなく、大変な労力を投じなければならない副業のようなものになりかねないからだ。

僕たちが英気を養うためには、**他人の目を一切気にせずに、心から楽しめる何かを持っておくべきなのだ。**

実験2 「CALMプロジェクト」に取り組む

創造的な活動を通じてエネルギーを充電するもう1つの方法は、個人的な「ＣＡＬＭプロジェクト」に取り組むことだ。はっきりとした目標や期間を定めない趣味とは異なり、プロジェクトでは明確な始まりと終わりを設ける。最終的な目標に達したときに達成感を味わえ、有能感や自律性も高めやすい。

この本を書き始める前（そして、新米医師の挫折から立ち直った後）、僕にとっての創造的なＣＡＬＭプロジェクトは「生産性について学ぶこと」だった。来る日も来る日も、仕事から帰ったら音楽をかけて机に向かい、「物事を効率的に終わらせること」をテーマにした文献を読みふけった。最新の心理学研究の成果に触れることで知識が増え、有能感が上がった。自分の好きなことを、自分なりのクリエイティブな方法で追求できるので、自律性も高まった。本業である医師の仕事とはまったく違う活動に没頭することで、大きな解放感も得られた。そして、当時は気楽にこの活動ができた——文献や本を読んでいるあいだは、リラックスして穏やかな気持ちでくつろげた（とはいえ、この本を書くことが決まってから、これはそれまでよりも重要な意味を持つプロジェクトになった）。

明確な目標を定めたクリエイティブな活動は、何でもＣＡＬＭプロジェクトと見なせる。「1

年間毎日写真を撮ること」を目指して写真を勉強する、「テキストベースのロールプレイングゲームをつくる」ことを目標にしてプログラミングを学ぶ、「母親の誕生日プレゼントにする」ことを目標にしてキルトの技術を身につける、などだ。

また、人間関係の力を活用すれば、ＣＡＬＭプロジェクトの効果はさらに高まる。第3章で見たように、同じ目的を持つ友人や集団と一緒に何かに取り組むと、人とのつながりから大きな力を得られる。仲間と学び合い、アイデアを交換し、成功を分かち合える環境にいると、物事はうまくいく。

絵を描くことをプロジェクトにするのなら、絵画の教室や交流会に参加してみよう。文章を書きたいのなら、同じ志を持つ人たちのグループやワークショップに参加してみよう。どんなプロジェクトに取り組むのであれ、その分野のコミュニティに参加することからは、計り知れないエネルギーを与えてもらえる。

自然に触れて充電する

ペンシルベニア州郊外にある病院の静かな病棟では、2つのグループの患者たちが胆嚢《たんのう》摘出手術から回復しつつあった。[86] だが、回復のスピードは両グループで同じではなかった。

一方のグループの患者が入院していた部屋の窓からは、葉の茂った静かな木立を見渡せた。もう一方のグループの患者が入院していた部屋の窓は、殺風景なレンガの壁に面していた。環境美学を研究する新米准教授だったロジャー・ウルリッヒは、この違いがもたらす効果に興味を持ち、データを分析した。その結果、窓から緑が見える病室にいる患者は、壁しか見えない病室にいる患者に比べて、平均して約1日早く治癒し、鎮痛剤の量が少なく、合併症の発生率が低いという驚きの事実が明らかになった。

ウルリッヒはこれをきっかけにして、自然がもたらす癒やしの効果を生涯にわたって研究することになった。約10年後には、スウェーデンのウプサラ大学病院の同僚たちと、自然が患者の回復に及ぼす影響を厳密に検証した。実験では、集中治療室で心臓手術を受けた患者160人に、6種類の病室を無作為に割り当てた。各病室には、壁に窓に見立てた6種類の写真（緑の中を流れる小川、暗い森、抽象画2種類、無地の白いパネル、パネル掲示なし）が設置されていた。単なる写真が、患者の回復度合いに大きな差をもたらすとは思えないかもしれない。だが、その効果は目を見張るものがあった。緑の中を穏やかに流れる小川の写真が壁に飾られた患者は、不安が少なく、必要な鎮痛薬の量も少なかった。それ以外の5種類の病室に入れられた患者は、不安が強く、必要な鎮痛薬の量も多かったのだ。

ウルリッヒはその後も40年以上にわたって研究を続けた。その成果は、病院建築に変革をもたらした。世界中の近代的な病院に庭園や緑地が多いのも、そのためだ。彼の長年の研究は、自然が癒やしに役立つことを示した。自然の中で過ごすとストレスが減り、集中力を回復する生理的反応が生じるのだ。

本章で紹介する充電の2番目の方法は、自然に浸ることだ。**自然はすり減った認知能力を補い、エネルギーを高めてくれる。**自然は僕たちの気分を良くしてくれる。だからこそ、自然の力をうまく休息に取り入れるための方法が必要だ。

実験3
自然を生活に取り込む

「そんなことを言われても、私は自然の少ない都市部に住んでいるからなあ」と思った人もいるだろう。たしかに、身の回りに豊かな自然を見つけるのは簡単ではない。

しかし、だからこそウルリッヒの研究は画期的なのだ。彼の実験の被験者は、木の写真を見ただけだった。そう、それは本物の木ではなかった。にもかかわらず、その効果は大きかった。研究結果は、はっきりと示している――自然とのつながりには、思っているよりも時間も労力もかからないのだ。

わずか1分以内でも、自然とのつながりの効果を得られる。ある研究では、大学生の被験者150人に、集中力を測定するためのテストを受けさせた。[87] 被験者にはテストの前後に40秒間のごく短い休憩を取らせ、その際に緑の屋根かコンクリートの屋根を見せた。その結果、休憩中に緑の屋根を見た学生は、コンクリートの屋根を見た学生に比べ、ミスが少なく、テストの課題に一貫して集中していたことがわかった。

視覚的な情報がなくても、自然とつながることはできる。2018年に発表された研究では、被験者に目を閉じて自然音（鳥のさえずり、熱帯雨林の音、カモメの鳴き声、夏の雨の音）を聴かせた。[88] 心地よい自然音を7分間聴いただけなのに、被験者はその後何時間も仕事に活力を感じたと述べた。

つまり、自然からエネルギーを得るのに、何時間も登山をしたりする必要はない。簡単なのは、**自宅に緑を取り入れる**ことだ。理想的には、小さな庭をつくったり、室内に観葉植物を置いたりすること。住宅環境や経済的、時間的制約のためにそれが難しいという人は、寝室に自然の写真を飾るだけでもいい。

あるいは、自然音を聴く時間を意識的につくってみよう。森の中にいなくても、自然音を聴くだけで、潜在意識はあなたが森にいると解釈してくれる。寝る前に5分間、スマホで自然音を流してみてはどうだろうか。リラックスして眠りにつくのにも最適だ。

実験4
散歩する

自然音アプリをダウンロードするより、もっと簡単な充電の方法がある。散歩だ。

スティーブ・ジョブズからヴァージニア・ウルフに至る様々な人物が、心から休息していると感じるためには、歩くことを習慣にすべきだと語っている。哲学者で詩人のヘンリー・デイヴィッド・ソローは「少なくとも1日4時間以上、世俗的な関わりから完全に解放されて、森や丘、野原を歩き回らなければ、私は心身の健康を保てない」と述べている。

だがこのアドバイスを真に受けて、「そんなにたくさん歩かなければならないの？」と心配しなくてもいい。ソローが1840年代に1日に4時間も散歩ができるような生活を送れたのは、友人の詩人ラルフ・ワルド・エマーソンがマサチューセッツ州の大きな森の中にある家に無償で住まわせてくれたからだ。誰もがソローほど運がいいわけではない。仕事もあれば家庭もあり、友人付き合いもある中で、「世俗的な関わりから完全に解放されて」毎日4時間も歩くのは至難の業だ。

僕は「1日1万歩歩くべき」という定説についてもこれと似たような印象を受ける。この目標値は現在、世界保健機関（WHO）やアメリカ心臓協会などの多くの団体によって推奨されており、アップルウォッチやフィットビットなどのデバイスでも採用されているほど世の中に定着している。「1日5皿（サービング）の野菜と果物」という推奨と同じくらい広く普及しているが、どちらも数字の由来や科学的根拠は疑わしい。「1日1万歩」は、ソローの「4時間以上の散歩」の現代版みたいなものだ。たしかにこの数字を目標にして、1日1万歩以上も歩いている人たちはいる。だが、なぜ1日1万歩を目標値とすべきなのか、その根拠ははっきりとしていない。

2011年のある研究によれば、ウォーキングの効果を高めるためには、必ずしも歩数は最重要の指標ではない。これはスウェーデンとオランダの心理学者グループによる、ウォーキングがメンタルヘルスに及ぼす影響を調べ、大学生の被験者20人が参加した野外実験に基づく研究だ。[89]実験の結果、歩くことで学生たちの気分は良くなり、不安は減り、時間に追われる感覚が減っていた。ここまでは予想通りだった。ただしこの実験では、歩く場所（公園または街）と、誰と歩くか（一人または友人と）という異なった条件で被験者を分け、それぞれ2回、40分間の散歩をさせていた。その結果、学生たちは街歩きよりも公園を歩いているときのほうがリラックスしていたことがわかった。また、一人で公園を散歩しているときのほうが、友人と一緒に散歩しているときよりも元気が出ると感じていた。これは、一人でいるほうが自然に浸りやすいためだと考えられる。しかし、街を散歩するときは、友人と一緒にいるときのほうが、元気が出ると感じていた。これは、誰かと一緒にいることでエネルギーが高まるためだと考えられる。

散歩は、元気になるための手っ取り早い方法だ。時間も距離も場所も決めず、自由に歩いてみよう。できれば公園や森、緑の多い通りを歩こう。誰かを誘うのもいい。ソローのように4時間も歩けないかもしれないが、10分程度のウォーキングだけでも、1日が、さらには人生全体が、より良いものに感じられるかもしれない。

無心になることで充電する

この章ではこれまで、新しい趣味を見つける、身の回りに植物を置く、緑の多い通りを歩くなど、「マインドフルな」、すなわち意識的な形でエネルギーを充電する方法を見てきた。どのアプローチも、携帯電話を充電器に差し込むように、明確な意図を持って休息を取ることで活力を得る。

とはいえお察しの通り、僕はこうした意図的な方法で充電するのが得意なわけではない。だからこそ、「マインドレス」すなわち**無心でエネルギーを充電できる方法に目を向けることが重要になる。**

マインドレスな充電方法とは、「リラックスしよう」と強く意識していなくても、気がつくとやっている、元気の出る活動のことだ。この章の冒頭で作成した、「エネルギーが枯渇していると感じたときにやりがちな活動」のリストの中にも、当てはまるものがあるかもしれない。

このような何も考えずにしている活動は、長期的な充電方法としてはあまり適してはいないが、短期的には効果が見込める場合がある。ギターの練習に熱心に打ち込むより、ソファに寝っ転がってリアリティ番組を眺めているほうが、元気が出る場合だってあるのだ。

「マインドフル」という言葉が、そのことを物語っている。マインドフルな活動は素晴らしいものだが、文字通り「意識（マインド）」を「完全（フル）」に使う必要がある。つまり、エネルギーを意図的にその活動に向けなければならない。

元気なときであれば、問題はないだろう。しかし、1日の仕事を終えて疲労困憊で帰宅したり、義理の両親と濃密な1日を過ごしたり、トラブル続きの午後に疲れ果てたりしているとき、無理に絵を描いたり、緑の多い道を散歩したりするのは楽しくない（さらには、怪我のもとになる）かもしれない。

そういう場合は、何もしないことに罪悪感を覚えなくてもいい時間が大切だ。しかし、「何もしないこと」にも、コツというものがある。

実験5 心をさまよわせる

「人間は、目についたクモだけを殺すことで、自然淘汰の力添えをしている。つまり、隠れたり、知恵を働かせたりするクモが生き残ることを促している。我々は、クモを賢くしているのだ」

「人は嫌いなものが同じ相手とは仲良くなれるものだ。だから、嫌いなものをベースにして男女をマッチングさせる出会い系アプリがあれば、かなり成功するだろう」

「友情の本当の尺度は、〝その人を自宅に招く前にどれくらい掃除に力を入れるか〟だ」

どれも、僕のお気に入りのオンライン掲示板サイト「Reddit」のフォーラム、「r/Showerthoughts」(シャワーの最中にひらめいたこと)から引用したものだ。ユーザーたちはこのフォーラムに、シャワーをしているときに思いついた名案や、奇抜なアイデアを投稿している。

このフォーラムに投稿しているレディット・ユーザーの大半は知らないかもしれないが、彼らは有名な神経科学理論の正しさを証明している。浴室に入ってシャワーを浴び、シャンプーや石鹸の香りに誘われてリラックスした気分になると、突然アイデアが浮かんできて、それまで思い悩んでいた問題の答えが奇跡的に見つかる――同じことは、誰もが経験しているはずだ。たとえば、上司に送るメールに何を書くべきかがわかったり、車のキーを忘れた場所を思い出したり。この「シャワーの原理」はレディット・ユーザーの空想の産物ではない。脳がリラックスすると創造的な解決策が現れるのは、科学的な裏付けのある現象なのだ。

これはすべて、一種のマインドレスな充電である、「マインドワンダリング」（心がさまようこと）の力によるものだ。最近の脳科学の研究によれば、人が「何もしていない」ときでも脳は活動している。特に、脳には「デフォルト・モード・ネットワーク」（DMN）と呼ばれる領域があり、心がぼんやりとさまよっているときに起こる不思議な現象を司っている。DMNは、記憶を呼び起こす、空想する、未来を想像する、といったことと関係していて、僕たちがエネルギーを消耗するような何かに集中して取り組んでいないときほど活発になる。[90]

現代人の生活では、DMNを活性化させるための時間や場所をつくるのが難しい。むしろ、心をさまよわせるのは時間の浪費だと見なされている。とりとめもなく物思いに耽っても、そのとき考えていたことはすぐに忘れてしまう。だから、有益な時間を過ごしたとは思えない。だが、こうした見方は間違っている。**何もしないことは、驚くほど生産的**なのだ。

日常生活に「何もしない」時間を取り入れるにはどうすればいいのか？　一番簡単なのは、1週間の予定に「何もしない」時間を組み込んでおくこと。その時間はウォーキングもしないし、絵も描かない。ただ何もせずに過ごす。「来週のこの日の夜は、何もせずにぼーっとする」というふうに、予め決めておくのだ。

食器を洗う、洗濯物を干す、スーパーに買い物に行くなどの家事をしているあいだ、ヘッドフォンで何も聴かない日をつくってもいいだろう。生産性を熱心に追求する人は、時間がもったいないと思うかもしれない。僕自身もそう思ってしまうタイプだ。だが、これは効果がある。

何もしないのは非生産的だと感じるかもしれないが、時には脳がさまよう時間が必要だ。こうした時間はひらめきにつながり、思ってもみなかったような視点で問題の解決策を与えてくれるのだ。

実験6
「取りやめ自由の原則」に従う

とはいえ、心をさまよわせる時間を決めておくことすら、「何かをすること」につながることがある。その場合、生産性モードから完全には抜けきっていないことになる。「できるだけ何もしないでいる」ということをしようとすることでも、生産性モードは活性化されてしまうからだ。

何かをしようと思っていたときに、何もしたくなくなることもある。新米医師としてのフルタイムの仕事と個人的なビジネスを両立させていた頃は、帰宅後も元気いっぱいで、動画の撮影や編集に没頭できる日もあった。でも、病院でのハードな1日ですっかり疲れ果て、ソファに寝転がって何も考えずにネットフリックスの番組を見ていたいと思う日もあった。

そんな日は、ソファにバタンと倒れ込み、「動画を撮らなきゃ。ネットフリックスを30分見たら、起き上がろう」と考えた。でも実際に30分が経過した頃には、動画を撮影したいという意欲はさらに薄れていた。

ルームメイトのモリー（彼女も医師だ）からは、こうアドバイスされた。「疲れているのなら、予定を取りやめてゆっくりしたら？」

その言葉は僕の頭から離れなかった。彼女の言う通りかもしれない。なぜ僕は、どれだけ疲れていてもやるべきことをやらなければならないと思ってしまうのか？　なぜ予定を取りやめて、心からリラックスできないのだろう？　そんなふうに葛藤しているうち、自分の新たな視点をうまく表現する言葉を思いついた。「取りやめ自由の原則」だ。

これは、「気分が乗らなければ、その日の予定は取りやめていい」ことをルールにするというもの。目標に向かって何かをするのをやめ、何もしないことを自分に許す。僕たちが上手く休めないのは、いったん「これをしなければ」と決めたら、引き返せなくなってしまうからでもある。現代社会では、自制心や根性、粘り強さが重視されている。休むことは、怠惰や弱さ、失敗と同じだと見なされがちだ。

「取りやめ自由の原則」を受け入れるとは、「時には、まったく何もしないことにも価値がある」という考えを受け入れることだ。アイデアが湧いてくるのを期待して、シャワーを浴びたり、ぶらぶらと散歩したりもしない。何もしない。見返りが何もなくてもいい。

僕は最近、休むことで罪悪感を味わわないようにするために、この原則に従っている。疲れていて、気力も体力もないと感じたら、その日は何かをするのを諦めて、後ろめたさを感じることなく好きなこと（テレビゲームをする、デリバリーフードを頼む）をする。この短期的な「非生産的な時間」が、リセットして充電する時間を与えてくれるのだ、と自分に言い聞かせながら。

また、この原則を取り入れることで、「今日は予定を取りやめよう」と思う日がそう頻繁にはないことにも気づけた。時々一時停止ボタンを押して、絶え間ないプレッシャーから解放されれば、成長と創造性のためのスペースが生まれる。**今日やることを減らせば、明日は重要なことをもっとできるようになるのだ。**

この章のまとめ

・2番目の燃え尽き症候群は、「休み下手型燃え尽き症候群」だ。これは、英気を養うための時間やスペースが足りないことで起こる。解決策は、自分を元気にする休み方を理解すること。

・休息で何よりも大切なのは、心を落ち着けること。特に、「有能感」(Competence)、「自律性」(Autonomy)、「解放感」(Liberty)、「くつろぎ」(Mellow) の4つの特徴がある、リラックス効果が高く創造的な「CALM」活動／プロジェクトに取り組んでみよう。

・2番目の解決策は、自然の中で過ごすこと。わずかな緑も、大きな効果をもたらす。短時間でもいいので散歩をしよう。観葉植物を置いたり、鳥のさえずりの自然音を聴いたりして、自然を室内に取り込むのもいい。

・とはいえ、休息は必ずしも戦略的でなくてもいい。何もしないことが一番元気になれる日もある。今日やることを減らせば、明日は気分よく過ごせるようになる。

第9章

価値観に合った行動を取る

パシフィック・クレスト・トレイルは、気の弱い人向きの場所ではない。それはメキシコ国境の砂漠からワシントン州北部の山岳地帯まで、アメリカ大陸西部を縦断する4200キロメートルもの山道で、アメリカ屈指の困難かつ危険なハイキングコースとして知られている。

毎年夏になると、何千人もの勇敢なハイカーがこのトレイルを歩き始める。その誰もが、目的地であるカナダ国境に到着するのは5カ月も先であると知っている。このトレイルを踏破するのは、まさに人間の持久力への極限の挑戦だ。だがミズーリ大学のケノン・シェルドン教授にとって、この挑戦は心理学実験の絶好の機会だった。

シェルドンは人間のモチベーションに関する近年の膨大な研究における権威と言える存在だ。21世紀に入ると、モチベーションに関する大きな疑問は解決されたと考えられるようになった。本書の第1部で見た、「モチベーションには、内発的動機付けと外発的動機付けという2つのタイプがある」という考えは、1970年代から知られていた。簡単に言えば、内発的動機付けとは楽しいから何かをしようとすることで、外発的動機付けとは「お金が稼げる」「賞をもらえる」といった外部からの報酬があるから何かをしようとすることだ。この2種類のモチベーションの形が理論化されて以来、多くの研究が「内発的動機付けは効果的で活力に満ちた行動を促すが、外発的動機付けは長期的にはそれ自体のために何かをする意欲を低下させる」ことを示してきた。端的に言えば、内発的動機付けは良いモチベーションで、外発的動機付けは悪いモチベーションだというわけだ。

しかし、シェルドンはこの問題はもう少し複雑なものなのではないかと感じていた。そして1990年頃から、モチベーションの科学には重要な何かが欠けているのではないかと考え始めた。たしかに表面的には、外発的動機付けが内発的動機付けに「劣る」ことを示す証拠はあった。だが同時に、人が外発的な報酬によって動機付けられ、それがうまく機能している事例が多いことも事実だった。

試験勉強をしている学生（彼女のことを、カットニスと呼ぼう）を例にして考えてみよう。カットニスは勉強そのものを楽しんでおらず、モチベーションは内発的なものではない。つまり、勉強や学習がもたらす純粋な喜び以外の何かに動機付けられて勉強をしている。

カットニスはどのように勉強意欲を高めているのだろう？　選択肢はいくつか考えられる。

・**選択肢A**――親に強制されて勉強している。この科目は嫌いだが、もし合格しなければ、1カ月間外出禁止になる。この最悪の罰を避けるためには勉強しなければならない。

・**選択肢B**――罪悪感から勉強している。この科目は嫌いだが、両親は自分を学校に通わせるために一生懸命働いてくれている。それに、良い大学に入るためには良い成績を取らなければならない。勉強していないと不安で罪悪感を覚えるので、毎晩数時間は試験勉強をしている。

・**選択肢C**――どうしても良い成績を収めたいから勉強している。この科目は嫌いだが、合格しなければ来年希望しているクラスに入れないし、そうすると進学が難しくなる。大学に行って視野を広げたいし、将来的には医学部でも学びたいと思っている。だからこのクラスにはどうしても入りたい。両親からは勉強しろとは言われていない。良い成績を取れなかったら親はがっかりするだろう。でも、勉強するのは親のためではなく、自分のためだ。

3つの動機付けは、どれも「外発的動機付け」のカテゴリーに分類されるものだ。いずれの場合も、カットニスは楽しいから勉強しているのではなく、外的な成果(罰を避ける、罪悪感をなくす、希望のクラスに入る)を達成するために勉強している。しかし3つの選択肢が示す勉強に対する態度は、大きく違う。その中でも選択肢Cは、健全なモチベーションの形と言えるかもしれない。プロセスそのものは楽しいと感じられなくても、カットニスが大切にしている目標に向かって努力することを促しているからだ。

この例は、**すべての外発的動機付けが「悪い」わけではない**ことを示している。カットニスが嫌いな科目の勉強をしたように、誰でも、時には楽しくないことをしなければならない。それに、楽しいから始めたことでも、長く続けていれば、必ず苦しくなる時期がやってくる。そのようなときは、「もっと楽しめばいいのに」と言われても役に立たない。

ここで、パシフィック・クレスト・トレイルに話を戻そう。シェルドン教授は、このトレイルを歩き始めたどんなハイカーでも、〝楽しいから歩く〟という内発的動機付けを、長い旅路のどこかで弱めることがあるのではないかと考えた。だとすれば、それでも彼らが歩き続ける動機は何なのだろうか？

シェルドンは実際にそれを調べてみることにした。2018年、パシフィック・クレスト・トレイルをハイキングすることに興味のある人たちを募集し、被験者になってもらった[91]。これらの人々のハイキングの経験や能力には幅があった。バックパックを背負ってハイキングをした経験があるかどうかを尋ねたところ、7人は未経験、37人は数回、46人はかなり多くの回数、4人は若い頃から頻繁にやってきたと答えた。ハイキングが始まる前、被験者に自分の考えが以下の文言にどれくらい当てはまるかを尋ねることで、各種のモチベーションの度合いを測定した。

パシフィック・クレスト・トレイルをハイキングする理由として、次の文言はどれくらいあなたに当てはまりますか？

・面白そうだから
・自分にとって重要だから
・自分を誇りに思いたいから
・このトレイルを踏破しないと人生に失敗したような気分になるから
・このトレイルを踏破すれば、大切な人たちがもっと自分のことを好きになってくれるから
・正直なところ、なぜこのトレイルをハイキングしようとしているのかわからない

ハイキング終了後、シェルドンがデータを調べたところ、ほぼすべてのハイカーの内発的動機付けが途中で低下していたことがわかった。これは特に驚くべきことではない。5カ月かけて険しい山道を4200キロメートルも歩く人が、全行程を心から楽しむのは難しい。

シェルドンは、内発的動機付けが低下したときに、ハイカーたちがどのように外発的に動機付けされたのかに興味を持った。2017年時点で、純粋な内発的動機に加えて、3つの異なるタイプの外発的動機があるのではないかと考えられるようになっていた（カットニスが試験勉強をする場合の動機付けと似ている）。これらは、「相対的自律性連続体」（relative autonomy continuum：RAC）と呼ばれる連続体に位置している。[92]

・**外的動機付け**（External Motivation）……「これをすれば、大切な人たちがもっと自分のことを

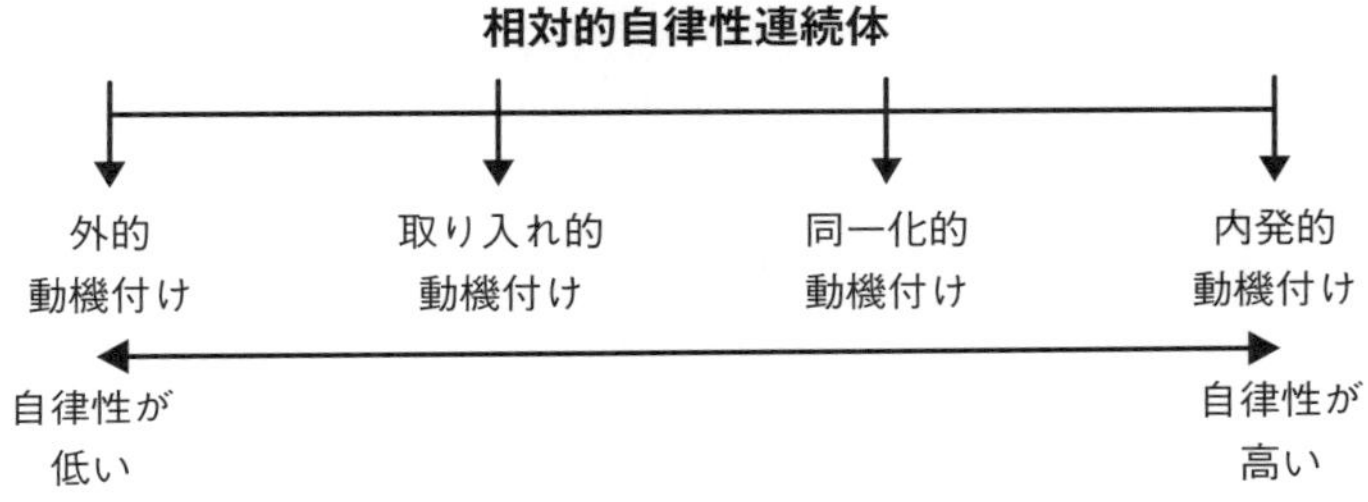

好きになってくれ、尊敬してくれるから」――外的な報酬を動機にしている。

・**取り入れ的動機付け**（Introjected Motivation）……「これをしないと罪悪感を味わったり、嫌な思いをしたりするから」――嫌なことを避けることや、周囲と自分を比べることを動機にしている。

・**同一化的動機付け**（Identified Motivation）……「これをするのは、心から大切にしている目標に近づけるから」――大切にしている価値観と自分を同一化することを動機にしている。

・**内発的動機付け**（Intrinsic Motivation）……「これをするのは、それ自体が好きであり、目的だから」――その行動そのものから得られる喜びを動機にしている。

これらの4つの形態の動機付けは、上図の連続体（左に行くほど自律性が低く、右に行くほど高い）に位置づけられる。

外的動機付けは、外発的動機付けの中でも最も自律性の低い形態だ。内的な力によって動機付けられるのではなく、他者が提示した意見やルール、報酬によってコントロールされる。一方、外発的動機付けの中で最も自律性が高い形態は、同一化的動機付けだ。この動機付けでは、外的な報酬のために何かをしているとしても、その報酬や目標に価値を見出している。何より、その価値は誰かに押し付けられたものではなく、自分自身が決定したものである。

シェルドンはこのフレームワークを使って、パシフィック・クレスト・トレイルのハイカーについて興味深い発見をした。彼らのパフォーマンスは、内発的動機付けが弱まったときに、どの種類の外発的動機付けを活用するかによって最も大きく左右されていたのだ。シェルドンはハイカーのモチベーション、心身の健康状態、ハイキングのパフォーマンスに関するデータを用いて、取り入れ的動機付けと同一化的動機付けの両方のレベルが高い人は、トレイルを踏破する可能性が大幅に高いことを明らかにした。これらの人々は、困難な状況でも歩き続けるために、この2つの外発的動機付けを用いていたのだ。

またシェルドンは、心理学の用語で「幸福」を意味する「主観的幸福度」を測定するためのテストを使って、ハイカーにハイキング中の気分を尋ねた。その結果、さらなる発見をした。大きな幸福感と結びついていた外発的動機付けは、同一化的動機付けだけだったのだ。つまり、トレイルを踏破し、ゴール後に大きな幸せを感じていたのは、自分にとって本当に大切なものと自分の行動を一致させることでモチベーションを高めたハイカーだった。シェルドンはこの言葉を用いていないが、ハイカーたちはフィールグッド・プロダクティビティを体験していたと言えるだろう。

この研究は、燃え尽き症候群のリスクを減らすための最後のヒントを与えてくれる。本書ではこれまで、仕事を抱え込みすぎることで生じる「頑張りすぎ型燃え尽き症候群」や、上手く休めないことで生じる「休み下手型燃え尽き症候群」を避けるための方法を探ってきた。だが、燃え尽き症候群にはもう1種類ある。それは前述のように、本書で「目的喪失型燃え尽き症候群」と呼んでいるものだ。

目的喪失型燃え尽き症候群の原因は、何かをすることの目的が自分の感覚と一致しないときに生じるネガティブな感情だ。心の底で「何かが違う」と感じているので、嫌な気分を味わいやすく、生産性も落ちる。「自分はどんな人間で、どんなことがしたいのか」という根本的な考えと一致しているから行動している（このような一致は、内発的動機付けや、同一化的動機付けからしか得られないものだ）のではなく、外部の力によって動かされている状態だ。

解決策は？　**自分にとって本当に大切なものは何かを考え、それと行動を結びつける**ことだ。

これは人々に大きな変化をもたらす方法で、人生全体をより良くできる力を秘めている。前述のように、人生では面倒なことや、他人から期待されることをしなければならない場合もある。僕も、車を修理に出したり、トイレ掃除をしたり、確定申告をしたりするのはあまり好きではない。このようなときは、自分のしていることを楽しめないかもしれない。そして、それは僕たちのエネルギーを消耗させる。けれども、今している行動を心の深いところにある「自分」と一致させることで、フィールグッド・プロダクティビティを保てるようになる。

長期的に考える

行動と価値観を一致させるには、長期的に考えるのが有効だ――しかも、相当に長期的に。

1994年のロサンゼルス地震を例に考えてみよう。1994年1月17日、マグニチュード6・7の激震がロサンゼルスの街を襲った。57人が死亡し、数千人が負傷した。生存者の中には、震源地からわずか2キロメートルの場所に位置するセプルベダ退役軍人医療センター（VAMC）の職員もいた。同病院は甚大な被害を受け、病院職員の家の多くも損壊した。

ケンタッキー大学のエミリー・ライキンス教授率いる研究グループは、この悲惨な経験をもとに、**「死について考えると、人生で大切なことが明確になる」**というシンプルな概念を探求した[93]。ライキンスらはVAMCの職員74人にアンケートに回答してもらい、「様々な人生の目標についてどれくらい重要だと考えているか」が地震の前後でどう変化したかを調べた。目標は内発的なもの（例：友情を育む、個人的に成長する）と外発的なもの（例：昇進する、物質的に豊かになる）に分類されていた。また被験者には、「地震の最中、死ぬかもしれないと思うような体験をしましたか？」といった質問をして、被験者がどれだけこの地震で「死の脅威」を経験したかを把握した。

回答結果には明確なパターンが見られた。震災後、職員は外発的な目標よりも内発的な目標を重視するようになっていた。この傾向は、経験した死の脅威の感覚が大きいほど強くなっていた。たとえば、以前は昇進や物質的な豊かさだけに駆り立てられていた職員が、地震後は家族や友人との親密な関係を育むために時間と労力を投じるようになっていた。また、それまでは他人からの評価ばかりを追い求めていた職員は、地震後には人の目を気にせずに創造的な活動や自己成長を追求するようになっていた。

この実験結果は、「人生の終わり」という最長の時間軸について考えることのメリットを示している。つまり目標や行動を、「有意義に生きている」という感覚と結びつけられれば、同一化的動機付けを生み出せるのだ。ただし問題がある。50人に「あなたにとって有意義に生きるとはどのようなものですか？」と尋ねた場合、明確な答えを返せるのはせいぜいそのうちの2人程度だということだ。これはそれくらい難しい質問なのである。

そこで役に立つのが、ロサンゼルスの科学者たちがこの実験を通じて発見した方法だ。まず、人生の最後を考えてみる。そして、その視点に基づいて、今日の前にある現実の中で、何が自分にとって重要なのかをあらためて評価するのだ。

実験1
「弔辞法」で、自分の死を想像する

大地震を体験しなくても、死について考えることはできる。そのことをよく示しているのが、リー・ペンの死亡記事だ。

「恵まれない若者の支援に人生を捧げたリー・ペンが、90歳で死去」を見出しとして彼女の生涯が綴られている。[94]「リーは機会格差の解消に熱心に取り組んだ」。記事には、貧しい家庭で育った若者に教育の機会を与えることを目的とした革新的な慈善団体を率いたり、アメリカ海軍が全米の恵まれないコミュニティに訓練を提供する取り組みを支援したりと、彼女が当時最も注目された多数の活動に関わったことが生き生きと描かれている。これほどのキャリアを持っていても、彼女は身近な人間関係もおろそかにはしなかった。「MBA保持者やCEOといった肩書きを持っていたにもかかわらず、リーは〝ママ〟と呼ばれることを好んだ」

まさに「世の中に大きな影響を与えた」人生だ。だが、実はこの文章にはいくつか訂正しなければならない点がある。まず、ペンは死亡記事に挙げられているような業績を実際には達成していなかった。90歳という老境にも達していなかった。というか、そもそも彼女はまだ死んでいない。

実は、ペンはスタンフォード大学ビジネススクールの現役の学生だった。彼女は「偉大な人生」という有名な講義を受講していた。[95]教授のロッド・クレイマーはこの講義で学生たちに、「最高に理想的な人生を生きた」ことを前提にして、自分の死亡記事を書くように求める。

講義概要には、「この講義の目標は、自分の人生とそれが世界に与え得る影響についての考え方を変えることです」と書かれている。ペンをはじめとするこの講義の受講者たちにとって、それは人生観に大きな変化をもたらすものになった。「私は愛する人たちと十分な時間を過ごしているだろうか、それとも競争社会の中であくせくしてばかりしていないだろうか?と立ち止まって考えさせられた」とペンは後に書いている。人は死について考えることで、どのように生きるべきかをあらためて考えるようになるのだ。

僕自身もこれと似たような、「弔辞法」と呼ぶ方法をよく用いている。これは訃報ではなく葬式を想定するもので、「自分の葬式で誰かに弔辞を読まれるとき、どんなことを言ってもらえたら嬉しいだろう？」と自問するというものだ。家族や親友、親戚、同僚などに、自分の葬式でどんな弔辞を読んでほしいかを考えてみるのだ。

この方法は、「自分は人生で何を大切にしているか？」という問いを、他人の視点を通して考えるのに役立つ。同僚はあなたへの弔辞で、「彼は会社が100万ドルの取引を成立させるのを助けてくれた」とは言わないだろう。あなたがどんな人間だったかを、人間関係や性格、趣味に触れることで語るだろう。あなたが会社にどれくらい貢献したかではなく、あなたが周りの人にどんな良い影響を与えたかについて話すはずだ。

ぜひ、この方法を自分でも試してみてほしい。数十年後、あなたは人々にどんな人生を生きた人物として記憶してもらいたいだろうか？　そのためにあなたは今、どんな人生を築いていくべきだろうか？

人生を大きな視点で捉える方法から始めたところで、次はもう少し身近な視点で考えてみることにしよう。

実験2
「オデッセイ・プラン」で3パターンの人生を想定してみる

1990年代初頭にアップル社に数年間在籍したビル・バーネットは、同社初のマウスの設計に貢献したことで知られている。[96] だがバーネットは他の何十ものプロジェクトに携わっていて、最初からデザインチームにとって欠かせない人物として活躍していた。この数年間を通して、彼は優れたデザインと人の生き方の接点について考えるようになっていた。

そしてある日、面白いアイデアを思いついた。自身が世界最高のハードウェアを設計するために使ったツールを、人生にも応用できないだろうか。数年後、バーネットは人が幸せで充実した生活を送るための新しい方法を考案し、それを「デザイン・ユア・ライフ」(自分の人生をデザインする)と名付けた。デザイン思考を自己啓発に応用することで、自分の心の声に忠実な、意義のある生き方ができるようになると考えたのだ。このアプローチは、後にスタンフォード大学の「デザイン・ユア・ライフ」コースの基盤になった。

「デザイン・ユア・ライフ」は、僕に大きな気づきを与えてくれた。当時は産婦人科の新米医師として2年目に入ったばかりで、人生に行き詰まりを感じていた。自分のことはよくわかっていたつもりだった。僕は医学が好きで、医学生に教えるのが好きで、少人数ながら親しい友人たちがいて、ケンブリッジの町の中心にあるお気に入りのコーヒーショップで土曜日の朝を過ごすの

を楽しみにしていた。でも、自分が人生に何を求めているのかは、正確には見えていなかった。そんなとき、友人が『デザイン・ユア・ライフ』（邦題『スタンフォード式 人生デザイン講座』早川書房）という本に載っている、あるエクササイズを教えてくれた。それは、自分が人生に何を求めているのかという漠然とした考えを、確かな裏付けのある明確なイメージに変えるのに役立つもので、「オデッセイ・プラン」と呼ばれていた。

このエクササイズの中心には、「5年後の自分の人生をどうしたいか」というシンプルな問いがある。僕は最初、特に感銘は受けなかった。その程度のことは、中途採用の面接を受けた経験のある人なら誰でも考えたことがあると思ったからだ。しかしオデッセイ・プランでは、この質問に特別な方法でアプローチする。それは次の3つの条件で5年後の人生について考えるというものだ。

・**現状の道**――現状の人生を歩み続けた場合、5年後の人生はどうなっているかを詳細に書く。
・**別の道**――今とは違う道を選んだ場合、5年後の人生がどうなっているかを詳細に書く。

・**ラジカルな道**──お金や社会的義務や他人にどう思われるかをまったく考慮せず、今とはまったく別の道を選んだ場合、5年後の人生がどうなっているかを詳細に書く。

ただし、これらの未来のプランはどれも、その通りに実行しなければならない「具体的な計画」ではない（そもそも、将来の人生を細かく計画するのは難しいものだ）。重要なのは、様々な可能性に心を開いておくこと。心から望んでいるのは、1番目の「現状の道」だと感じた人もいるだろう。それは素晴らしいことだ。すでに未来の自分と一致した人生を歩んでいるのだから。けれども大半の人は、**3通りの人生を想像することで、今の自分が進んでいるのは本当に望んでいる道ではないと気づく**はずだ。

僕の場合、オデッセイ・プランをつくったことで、医師として歩んでいる現在の道が、もうワクワクするものではなくなっていると気づいた。僕の現状の人生は、「イギリスで麻酔科の研修医プログラムを受ける」といった項目で埋め尽くされていた。それを見て、数年前に医学の道を志してから現在に至るまでのあいだに、自分の中で何かが変わってしまっていたことがわかった。この未来はもう、心を躍らせるものではなくなっていた。

だから、僕は進むべき方向を変えた。医療の道で高みを目指すことではなく、自分のビジネスを成長させることに集中したいと考えるようになったのだ。今でも、岐路に立たされたときはこのエクササイズをする。進むべき道を書き出すことで、自分が本当に目指すべき方向が見えてくるからだ。

中期的な視点を持つ

長期的な視野で考えることは、自分にとって何が大切かを抽象的に理解するのに最適だ。けれども、それは少し漠然としていると感じる人もいるかもしれない。特に20代や30代の人なら、半世紀先に自分の葬儀でどんな弔辞が読まれるかを考えるのは、遠い話に思えるだろう。では、こうした抽象的な人生の計画を、たとえばこの先1年間をどう生きるかについての戦略に落とし込むにはどうすればいいのだろうか？

その答えは、専門用語で「価値観確認法」と呼ばれるシンプルな介入方法にある。簡単に言うと、これは現在の自分にとって重要な価値観は何かを明らかにし、それを定期的に振り返ることだ。前節では、理想的な人生を描くエクササイズをした。このときに明らかにした価値観を確認することで、これから1年間をどう過ごすかを具体的にイメージできるようになる。

こうした介入は、自分の望みを遠い将来に実現させる自信がないときに特に効果的だ。サイエンス誌に掲載された論文では、心理学者のグループが、物理学における男女の学力差を埋めるために価値観確認法を用いた。[97] コロラド大学の三宅晶らが募集した400人のクラスでは、女子学生のほうが男子学生より物理学の成績が悪い傾向があった。また全体的に、学生たちには「女性よりも男性のほうが物理学に向いている」という考えも見られた。

三宅は学生全員に以下の12の価値観リストを見せることで、価値観を確認することを促した。

1. 芸術が得意であること
2. 創造性
3. 家族や友人との関係
4. 政治
5. 独立していること
6. 学び、知識を得ること
7. 運動能力
8. 社会的集団（コミュニティ、人種グループ、学校のクラブなど）に属していること
9. 音楽
10. キャリア
11. 宗教的価値観
12. ユーモアのセンス

学生の半数は、自分にとって最も重要な価値観を3つと、それを選んだ理由について書くよう求められた。残りの半数の学生は、自分にとって最も重要でない価値観を3つ選び、それが他の

誰かにとって重要かもしれない理由について書くよう求められた。たったこれだけのことが、学生たちの中間テストの結果に大きな変化をもたらした。テストのスコアの男女差が大幅に縮まり、女子学生の成績が向上したのだ。これは特に、「物理学では男性のほうが女性よりも優れている」という固定観念を持っている女子学生に当てはまった。

なぜか？　考えられる説明の一つは、彼女たちは自分の価値観を確認することで、自分自身にとって最も大切なことを思い出し、試験中にそれを心に留めておけたということだ。

価値観を確認することで、抽象的な理想がリアルなものに感じられるようになり、その過程で自信も高まる。問題は、自分にとって重要な価値観をどのように見つけて、それを活用するかだ。

実験3
「人生の輪」で自分にとって大切な価値観を確認する

僕は医学部の最終学年を終えようとしていたときに、価値観確認について考え始めた。それは灼熱の夏の日の、狭く、うだるように暑い大教室でのことだった。僕は少々苛立っていた。本来ならお祝いをしているべきときに、まだ講義を受けなければならなかったからだ。医学部5年生の最終試験は終わり、教室にいた全員が「メディカル・エレクティブ」と呼ばれる2カ月間の医療研修のために世界の様々な国に飛び立つことになっていた。僕も友人のベン、オリビアと共に、翌週、カンボジアのプノンペンにある小児外科センターに派遣されることになっていた。

それなのに、その前にあと1週間、「医師として成功するには」というタイトルを含む、いくつかの追加講義を受けなければならないというのだ。僕は、もう十分だと思った。僕たちがこれまで5年間学んできたのは、医師として成功するための方法ではなかったのだろうか？　だから講師のリリカップ医師が、この講義のテーマが医師としての仕事の喜びについてではなく、医師としての「成功」とは何かをあらためて考えることだと説明したとき、僕はひどく驚いた。

リリカップ医師は、医学生の大半が、医師としての「成功」を学業で優秀な成績を収めることや、立派な肩書きを得ることだと考えていると語った。だが、成功にはそれ以上の意味があるのだという。そして彼は、「人生の輪」と呼ばれる簡単な演習をするために、学生たちに用紙を配った。

リリカップ医師の説明によれば、「人生の輪」はコーチングでよく用いられるフレームワークで、自分にとっての成功は何かを考えるために使える。まず紙に円を描き、その中に線を引いて9つのセグメントに分割する。各セグメントの円の外側に、自分の人生にとって重要な領域を書く。リリカップ医師は叩き台として、次の9領域を推奨している（もちろん、自分に合ったものに書き換えてもかまわない）。まず人生を「健康」「仕事」「人間関係」という3つの大きな領域に分け、それぞれをさらに3つの下位領域に分ける。具体的には、「健康」（「身体」「心」「精神」）、「仕事」（「使命」「お金」「自己成長」）、「人間関係」（「家族」「恋愛」「友人」）だ。

次に、人生の各領域で、「日頃の自分の行動は、どれくらい価値観に沿っているか？」を4段

人生の輪

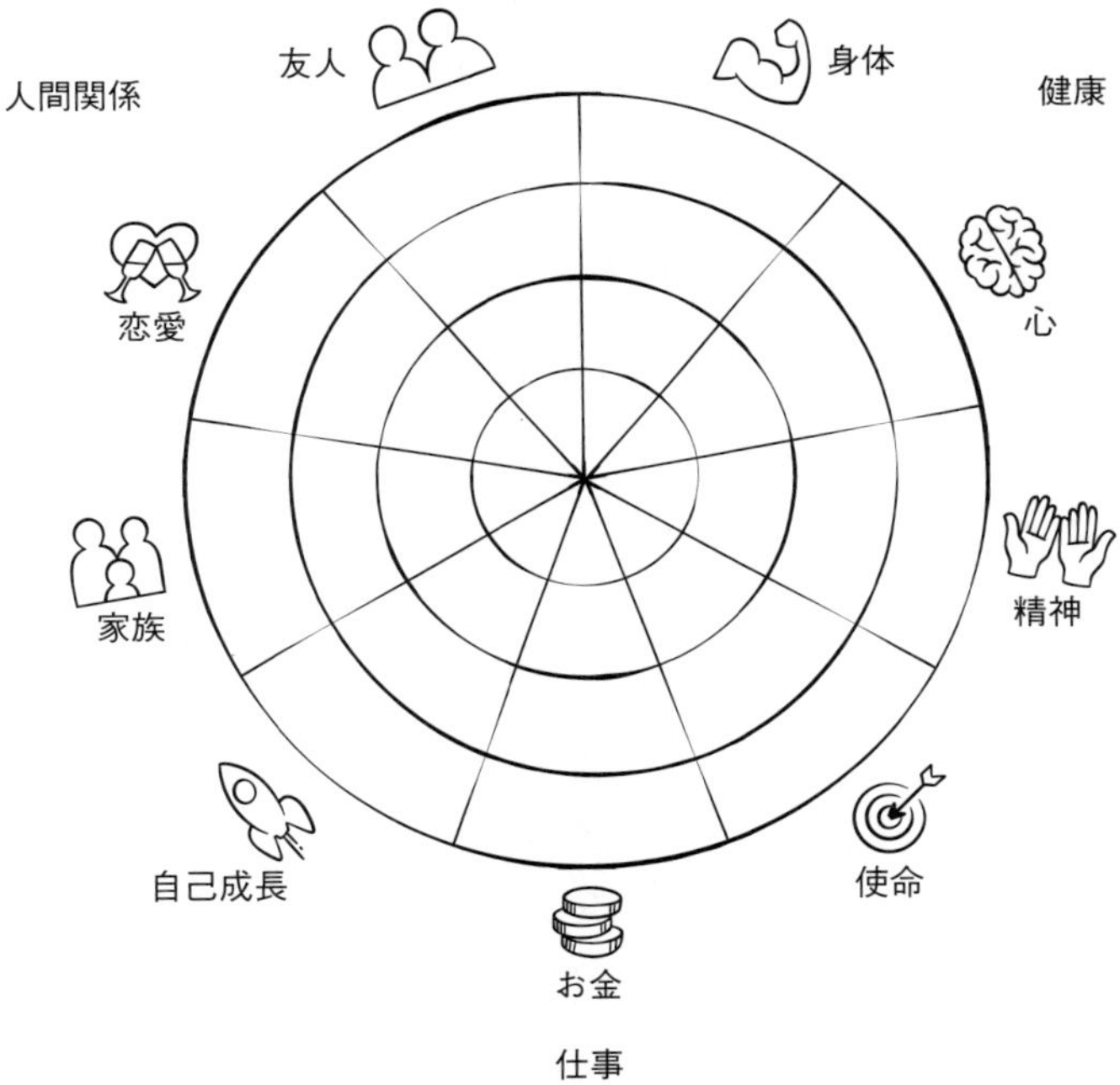

階で評価する。そして、それに応じてセグメントに色を付ける――十分に価値観を満たす行動をしていると感じている場合は、セグメントすべてに色を塗る。まったく満たされていないと感じる場合は、空白のままにしておく。

　僕は「人生の輪」をつくることで、大きな発見をした。自分が人生で何を本当に求めているのか、これほど体系立てて考えたのは初めてだった。僕は以前から、医者になり、副業でＩＴ関連の仕事をしたいという漠然とした目標を持っていた。だが「人生の輪」のおかげで、人生の戦略をはっきりとしたイメージで捉えられるようになった。

僕にとって最も評価が低かった3領域は、恋愛（人間関係）、身体（健康）、使命（仕事）だった。この気づきは、行動を起こすきっかけになった。僕は女性と付き合い始め、定期的に運動をするようになった。また、自分のビジネスを立ち上げることも真剣に考え始めた。カンボジアでの研修中に、SNSに投稿するための動画を初めて撮影した。「人生の輪」はたったの数分で、僕が人生で大切にしていることは何かを明確にしてくれたのだ。

実験4
「1年後のお祝い」で、目標を達成した未来の自分になりきってみる

「人生の輪」は、自分の価値観を行動の指針に変えるのに役立つ。

僕の場合、初めての動画をSNSに投稿するきっかけになった。またこれは、クラスメート2人が医療の世界から身を引くきっかけにもなった（たぶんそれはリリカップ医士が意図したことではないだろうけれど）。

とはいえ、まだこれは遠く感じるかもしれない。「人生の輪」は、具体的なステップというより、抽象的な価値観を明確にするものだからだ。そこで登場するのが、「1年後のお祝い」(12-month celebration) だ。これは夢を行動に変えるための、僕のお気に入りの方法だ。方法は単

1年後のお祝い

カテゴリー	1年間に成し遂げたこと
健康	**身体**——自分のライフスタイルや好みに合った運動を習慣にして、7キロ減量した。
	心——心の健康を優先して、セラピーを始めた。そのおかげで自己認識が深まり、ストレスにうまく対処できるようになった。
	精神——瞑想を日課にし、スピリチュアルなリトリートにも参加するようになった。
仕事	**使命**——自分の強みを活かせる新しい仕事に転職し、楽しく、充実した気持ちで働けた。
	お金——学資ローンの大部分を返済して、将来の住宅購入の頭金にするための資金を貯め始められた。
	自己成長——オンラインコースを修了し、仕事のスキルを伸ばして、自分の市場価値を高められた。
人間関係	**家族**——定期的に実家を訪れる、電話をするなどして、両親との時間を増やした。
	恋愛—オープンなコミュニケーションを通じてパートナーとの関係をより良いものにした。
	友人—旧友と会い、新しい友人をつくるための努力を定期的に行い、多様かつ協力的な社交の輪を広げられた。

純。「今から1年後、親友と食事をしながら、〝この1年間に成し遂げた、重要な人生の領域での進歩〟を語りながら、お祝いをしている自分の姿を想像する」というものだ。「人生の輪」の各価値観について、親友に伝えたい「1年後の望ましい進歩」は何かを考え、書き出してみよう。

これは、第4章の「水晶玉法」の悲観的でないバージョンだと考えてほしい。水晶玉法では、目標を達成するうえで障壁になりそうなものに目を向けた。だが「1年後のお祝い」では、うまくいった場合に目を向ける。**「1年後に祝うとしたら、そのためにこれからの12カ月間で何をする必要があるだろう?」**と考えよう。最初のアクションステップは?「ジムに入会する」「履歴書をより充実したものに書き直す」「母親に電話をすることを毎週の予定にする」などが考えられる。

それによって、価値観は遠い未来のものではなく、これから数カ月の行動に直結したものになる。

短期的な視点を持つ

とはいえ、目標と日常生活を一致させるためには、こうした方法ではまだ不十分だと感じる人もいるかもしれない。「1年先のことなんて、遠すぎてうまく想像できない」という人にとっては、今日1日の行動を、自分の価値観や目標と一致させるための方法が必要だ。

最も大切な価値観に沿って日常的な判断を下していけるようになれば、安心感が得られる。さらに、それはフィールグッド・プロダクティビティの強力な原動力にもなる。ニュージーランドにあるワイカト大学の研究者アンナ・サットンは、3万6000件以上のデータポイントからなる51件の研究を細かく分析し、自らの価値観に沿って毎日を生きることと、人生全体の幸福感との関係を調べた。[98]その結果、この2つには正の関係があるだけでなく、価値観に沿って生きることと「エンゲージメント」とのあいだにも正の関係があることがわかった。つまり、自分の価値観や自己意識に沿って行動をしている人は、幸福感が高まるだけではなく、目の前の仕事に積極的に関わろうとするのだ。

だからこそ、長期的な視点で捉えた価値観を日常レベルの行動に置き換えていくことが重要になる。

では、それはどう実現させればいいのだろうか。日々、価値観に背くような行動を取ってしまっている人は少なくない。本当は自由を重んじているのに職場では自分や他人の自由を束縛するようなことばかりしている人や、親密な人間関係を大切にしていながら仕事ばかりして家族や友人との時間をおろそかにしている人は、日々の行動が価値観に沿っていない典型例だ。

しかし、**適切な方法を用いれば、最も重要な価値観に沿って行動できるようになる。**その結果として、生産性を（そして充実した人生を）長く維持できるようになるのだ。

実験5
毎朝、その日の「3つの価値観行動」を決めて実行する

長期的な価値観を日々の行動に結びつけるための僕のお気に入りの方法は、短期的な目標は長期的な目標よりもはるかに達成しやすいという単純な事実に基づいたものだ。

これは心理学では何十年も前から明らかにされていたことだ。ある有名な実験では、算数が苦手な7歳から10歳の被験者の子どもたちに、今後数日間の算数の勉強目標を設定させた[99]。その際、被験者を2つのグループに分け、微妙に異なる指示を与えた。1番目のグループの子どもたちには、これから7回の勉強のセッションで、毎回6ページ分の算数の問題を解くことを目指すように指示した。2番目のグループの子どもたちには、全7回のセッションが終わるまでに、全部で42ページある算数の問題を解くことを目指すように指示した。

ご察しの通り、この2つの目標の内容は基本的に同じである。どちらも、子どもたちは7回の勉強セッションで合計42ページの算数の問題を解かなければならない。しかし、遠く離れた目標ではなく、目先の目標に目を向けることの効果は顕著だった。「近い」目標を設定した子どもたちは、「遠い」目標を目指した子どもたちに比べて、成績が良く、正解率が2倍も高かった（前者は正解率80%、後者は40%）。さらに、前者の子どもたちは自信も高めていた。これは、良い気分を味わうための非常に重要な要素だ。組織心理学者のターシャ・ユーリックは、「目先の目標は、

問題を解くのに役立っただけではなく、子どもたちの算数に対する見方を変えた」と述べている。

これは価値観に沿って行動することと、どんな関係があるのだろう？　まず、それは今いる場所と目指すべき場所の距離を狭めるのに役立つ。

「1年後に成果を祝う」のは、少々難しく感じるかもしれない。僕自身、1年はもちろん、1日でも自分の価値観に沿った行動をするのに苦労することがある。だからこそ、この算数の実験から得られる知見が役に立つ。おすすめの方法は、毎朝、その日に行う価値観に沿った行動（価値観行動）を3つ選ぶことだ。それだけで、1年後の望ましい自分に少しずつ近づけるようになる。

僕は、「1年後のお祝い」を書いた内容をグーグルドキュメントに保存して、パソコンのウェブブラウザにブックマークしている。そして、パソコンに向かって仕事を始めるときはいつもこのファイルを開き、自分が1年後に成し遂げたいことが何かをざっと確認する。そして、「健康」「仕事」「人間関係」の各領域で、今日取り組みたい行動を1つずつ選ぶ。今朝の場合、3つの価値観行動はこんな感じだった。

- **H（健康）**――ジムでトレーニング　15時30分～16時30分
- **W（仕事）**――第9章の執筆を進める
- **R（人間関係）**――ナニ（祖母）に電話する

もちろん、「3つの価値観行動」は、僕のようなフィットネスマニアで、作家で、祖母を愛する人間だけに効果があるわけではない。たとえば、成績を上げる、健康を維持する、友人関係を豊かにすることを目指している学生の場合、3つの価値観行動は次のようなものになるだろう。

・**H（健康）**――授業後に30分ランニングをする
・**W（仕事）**――明日の試験のためにさらに1時間勉強する
・**R（人間関係）**――勉強が終わったら、キャサリンとカフェでコーヒーを飲みながら近況を語り合う

共働きで子育てをしている多忙な人の3つの価値観行動は、次のようなものになるかもしれない。

・**H（健康）**――昼休みに15分間散歩する
・**W（仕事）**――ランチタイムまでにプロジェクト企画書のドラフトを完成させる
・**R（人間関係）**――家族のために健康的な夕食をつくり、一緒に充実した時間を過ごす

このアプローチの利点は、1年後の目標を考えることに伴う漠然とした感覚を減らせることだ。

目先のステップに目を向けることで、価値観に沿って生きることを、1年後ではなく、もっと身近な、実現可能なものに置き換えられる。

実験6
価値観に沿って生きることを実験する

10年前にフィールグッド・プロダクティビティを研究し始めて以来、僕が得た最大の発見は、何か1つの研究や知見ではなかった。それは、方法論だった。僕にとって真の学びが始まったのは、医学部で教わった科学的な考え方を、幸福感や充実感、生産性の問題に応用するようになってからだった。

だから、この本で紹介する最後の実験は、「科学者のように生産性を考える方法を学ぶこと」にした。これは、自分にとって有効な方法を、実験を通して見つけていくことだ。この実験の結果を、今日1日、どんな行動をするかの指針にする。

様々な仮説を検証することで、日々の行動を、自分にとって大切な価値観に沿ったものに近づけていけるようになる。この実験には3つの段階がある。

第一段階は、**価値観に沿った行動ができていない領域は何かを考えること**だ。ここで役に立つのが、本章で紹介した「弔辞法」「オデッセイ・プラン」「人生の輪」などの方法だが、それらを用いなくても、仕事や人間関係、趣味など、どこに自分の問題があるかは感覚的にわかるものだ。

物事がうまくいっていないと感じるのは人生のどの領域か、考えてみよう。

たとえば、「何年も出世街道を歩んできたが、長時間労働とストレスのきつい仕事が私生活に悪影響を及ぼしていると気づいた弁護士」なら、自分の価値観に合った仕事のやり方を模索することが実験になるかもしれない。あるいは、「本当に興味があることではなく、家族からのプレッシャーなど、周りの期待に基づいて専攻を選んだために、勉強に身が入らず、将来の進路を間違えたのではないかと不安になっている大学生」なら、専攻の変更を検討することが実験になるかもしれない。

第二段階は、**仮説を立てること。**科学者のように思考し、実験的な手法を取り入れる。科学の実験では、必ず「独立変数」が用いられる。これは、それを変えることでどのような影響があるかを確認するために用いる変数のことだ。もし自分の人生でたった1つだけ変えられる独立変数があるとしたら、それは何だろうか？　それは自分の状況にどう影響するだろうか？

これが、あなたの仮説だ。働きすぎの弁護士の場合なら「働く時間を減らせば、仕事とプライベートのバランスが良くなる」が、ストレスを感じている学生の場合なら「自分の興味や価値観に合った専攻に切り替えれば、学生生活の満足度やモチベーションが高まる」が、仮説になるかもしれない。

第三段階は**実行すること。**これが一番重要だ。変化を起こし、それが自分の人生の状況と、価値観に沿っているという感覚にどう影響するかを確認しよう。

実験を有効なものにするには、変更を局所的にしておくことが大切だ。一度に様々な変化を起こしてしまうと、そのうちのどれが自分の気分や感覚に影響を及ぼしているのかがわかりにくくなってしまう。変化は小さく起こして、1つずつその効果を確認していこう。前述の弁護士の場合、それは会社に交渉して、3カ月間、時短勤務をしてみることかもしれない。あるいは、会社を辞めてしまうのではなく、抱えきれない仕事は部下に任せて、自分の本当にやりたい仕事に集中してみることかもしれない。前述の大学生の場合なら、専攻そのものを変えるのではなく、まずは受講する科目を変えて様子を見ることから始めてもいいかもしれない。

いずれにしても、変化によって生じた効果を記録していくことが肝心だ。うまくいった点や、うまくいかなかった点、その過程で得た気づきを日々記録していこう。少しずつ変化を取り入れて実験していくことで、大きな変化を長期的に起こさなくても、今とは別の道を探っていきやすくなる。

こうした小さな実験を通じて、価値観と行動を合わせていく道のりには、明確な終わりがないということがわかってくるはずだ。これは終わりのないプロセスだ。それは人生を実験室と見なし、実験の結果から学びを得ていくことを、喜んで受け入れていくことなのだ。

この章のまとめ

・「目的喪失型燃え尽き症候群」は、自分の価値観に合わない目標に時間を費やすことで起こる。このズレを克服していくことは、生涯をかけて取り組んでいかなければならない問題だ。自分にとって本当に大切なことは何かを絶えず自問し、それに応じて行動を変えていこう。

・それを実現するための方法は、実に簡単だ。まずは、長期的な未来について考えること。死の床にいる自分の姿を想像してみよう。気が重くなるかもしれないが、これは自分が人生に何を求めているのかを明確にするための最良の方法だ。

・次に、中期的な将来について考えよう。1年後、何を達成したことを友人に祝ってほしいだろうか？「この1年後のお祝いを現実のものにするためには、今週、何をすればいいだろう？」と自問しよう。

・最後に、短期的な将来について考えよう。価値観と目の前の行動を合わせるのは難しくない。毎朝、1年後の望ましい人生に近づくために、今日すべき行動を3つ決めればいいのだ。

おわりに──生産性の科学者になったつもりで考えよう──

僕のアパートから歩いて10分のところに、ロンドンでも最大級の病院がある。思うように作業に集中できないとき、その病院のある東のほうに向かって散歩をすることがある。商店の立ち並ぶオックスフォード・ストリートの雑踏を抜け、メリルボーンの壮大なビクトリア様式のテラスを越えて、洞窟のような趣のある、その病院のモダンなエントランスホールに辿り着く。受付でコーヒーを買い、廊下を行き来する医師たちをしばらく眺める。そして、医療用品を載せたトレイを床に落としてしまった、あの運命的なクリスマスのシフトから、どれだけのことが変わったのだろうと思いを巡らせる。

スクラブ姿の医師たちを見ながら──彼らは、僕が記憶しているほど医師の仕事にストレスを感じていないようだ──あの日から自分がどれだけ多くを学んだのだろうと考える。あの悲惨な午後、医師になって初めてのクリスマス休暇を当直医として病棟で過ごしていた僕は、生産性について間違った考えを抱いていた。ただし、生産性について考えていた内容が間違っていたのではない。問題は、生産性についての考え方にあった。

当時の僕の考え方は、根本から間違っていた。生産性を、「気分を良くするもの」という観点からではなく、「規律」の観点から見ていたのだ。つまり、「多くのことを成し遂げるために、どれだけ自分にプレッシャーを課せるか」と考えていた。病棟を回って患者を診察するときも、遊び心やコントロール感、人間関係の力を活かそうとするのではなく、退屈感や無力感、孤独感によって自分を悪いほうに追い込んでいた。やらなければならない「用手排便」に楽しさを見出そうとする代わりに、それがどれだけ忌まわしいものになるかということばかり何時間も反芻していた（ただし少々言い訳をするならば、それは本当に忌まわしい作業なのだ）。

あれから数年、僕の人生のすべてが変わった。僕は今、生産性は規律ではなく、幸せで、ストレスが少なく、元気になれるような何かをすることだと知っている。先延ばしと燃え尽き症候群から逃れるための唯一の方法は、今置かれている状況に喜びを見出すことだということも——たとえ、薬液が入った136本の小瓶を床に落として、白衣がびしょ濡れになってしまったときでも。

僕の間違いは、生産性を高めるための戦術にあったのではなかった。それは僕の全体的な戦略にあった。生産性についてのあらゆるハックを学び、あらゆるブログ記事を読めば、望みを実現できると信じていた。だが、それは僕が本当に必要としていたアプローチとは正反対のものだった。僕は、生産性の科学者のように、考える術を学ばなければならなかったのだ。

だからこそ、僕はこの本で最後に紹介するツールを、価値観と行動を合わせるための実験にした。長い目で見れば、フィールグッド・プロダクティビティの秘密を学ぶためには、実験的な考え方を身につけなければならないからだ。この本では、僕にとって効果のあった数十個の実験を紹介した。その中には、あなたにとって合うものもあれば、合わないものもあっただろう。それは問題ない。

そう、これは「ToDoリスト」のような、書いてあることをただ実践すればいいという本ではない。この本は、哲学——すなわち、**自分に合った生産性のツールを手に入れるための考え方についての本**なのだ。この考え方を身につけ、実験の精神で日々のプロジェクトやタスクに取り組めば、短期的、長期的に〝良い気分〟という素晴らしい報酬が得られるようになる。

だから、できる限りの様々な方法を試してみて、うまくいくものは採用し、うまくいかないものは手放していくことをおすすめする。新しい方法を試す度に、「これは私の気分やエネルギー、生産性にどう影響するだろう?」と自問してみてほしい。**どのフィールグッド・プロダクティビティの方法が効果的かは、人それぞれ違う。実験を通して、自分に合ったものを探ろう。**

このようにして実験を繰り返すことでしか、長く続けられる、自分に合った〝気分を良くする方法〟は見つけられない。生産性の世界は日進月歩だ。あなた自身も進化している。まだまだ発見することはたくさんある。本書で紹介してきた原則を自分の人生に応用していけば、きっとあなたにとって最適な知識や戦略、テクニックを見つけられるはずだ。それらは本書で説明したものよりも、役に立つものになるかもしれない。なぜなら、それはあなた自身で見つけたものだからだ。

　このプロセスを楽しんでほしい。同時に、このプロセスが完璧を目指すものではないことを忘れないでほしい。失敗は計画に含まれている。うまくいくためには、失敗することが欠かせない。失敗から学び、成功を祝おう。自分の仕事を、エネルギーを消耗するものから、エネルギーを生み出すものへと変えていこう。

　この考え方を取り入れるのは簡単ではない。しかし、それを採用すれば、すべてが変わる。自分が最も元気で生き生きしていると感じるものを活用できれば、どんな場所を目指すこともできるようになる。そして、その道のりを楽しめるようになる。

　あなたの冒険が次にどこへ向かうのか、僕はとても楽しみにしている。

アリ・アブダール

旅の次のステップ

本書を読み終えてくれた読者に感謝を込めて、生産性向上の次の段階に役立つ無料のプレゼントを用意した〔英語〕。これらのコンテンツをぜひ楽しんでほしい。

https://www.feelgoodproductivity.com/gift

謝辞

まず、この本を手に取ってくださった読者の皆さんに心から感謝する。2017年以降、手掛けたコンテンツをクリックし、視聴し、閲覧し、「いいね」し、コメントし、購読してもらえること、あるいはただSNSでフォローしてもらうことさえも、その一つひとつが僕にとって大きな贈り物だった。発信したものに注目してもらえるのは、僕にとって何よりも大きな意味がある。こうした方々がいるからこそ、僕は「クールなことを学び、それを世界中の人にシェアする」という、自分の一番好きなことをして生計を立てていけるのだ。

そして今、ここに感謝すべき人たちがたくさんいる。この世におけるあらゆる素晴らしいものがそうであるように、本もまたチームワークによってつくられる。表紙にはたいてい著者1人の名前しか書かれていないが、どんな本にも著者に負けないくらいの貢献をした縁の下の力持ちが大勢いる。嬉しいことに、本書の制作チームには、とりわけ素晴らしいメンバーが揃っていた。

まずは、ペンギン・ランダム・ハウス社、コーナーストーン・プレスの編集者ローワン・ボーチャーズ。ローワン、あなたの最初のメールが、この熱い冒険が始まるきっかけになった。あなたは過去3年以上にわたり、技術的、物流的、文学的、そして特に感情的な面において、本書を世に送り出すための中心的な存在であり続けた。

マクミラン・パブリッシャーズの一部門であるセラドン・ブックスの編集者、ライアン・ドハーティ。ライアン、あなたはこのプロジェクトにおいて、北米地域のキーパーソンとして活躍してくれた。あなたの尽力がなければ、本書をこんなに素晴らしいものに仕上げることはできなかった。

同じく優れた編集者のレイチェル・ジェプセンは、長年の経験で培った専門知識で僕を助けてくれた。書き手としてのあり方について多くを教わった。優しく執筆を促してくれたことで、僕は責任を感じられた。時折の愛の鞭もとても役に立った。「あなたはこの本を書くことが重要だと、心から思っている？　あなたの予定表を見ていると、そんなふうに思えないの」と尋ねられたときのことは、今でも覚えている。本書の制作では大変なことも多々あったが、あなたが情熱を捧げてくれたおかげで、プロジェクトを前進させ続けられた。また、あなたが関わってくれたことで、本書は計り知れないほど良いものになった。

僕の特別なエージェント、ケイト・エヴァンスにも大きな感謝を。ケイト、あなたの励ましと批評は僕を導く光になった。疲れかけていたとき、あなたと話をすればすぐに元気になれた。

僕のチームの中心的なメンバーであるイネス・リーは、ケンブリッジ大学のリサーチフェロー、そしてヨーク大学講師という仕事を両立させながら、このプロジェクトの主任リサーチャーという役割を見事に務めてくれた。イネス、膨大な量の科学データを巧みに扱うあなたの能力は驚異的だった。あなたがこの本だけでなく、チームの動画やポッドキャストにも同じように質の高い仕事をしてくれていることに、僕は畏敬の念を抱き続けている。

またジャック・エドワーズは、この本の制作の初期段階で、リサーチ面で重要な役割を果たしてくれた。ジャック、あなたの献身に心からの感謝を。あなたが同じ時期に自身の本を執筆していて、好調なビジネスを営み、ＳＮＳを爆発的に成長させていたことを思うと、なおさらだ。あなたが本書の構成づくりに貢献してくれたことが、その後の制作の土台になった。

ローレン・ラザヴィのことも忘れるわけにはいかない。僕たちのつながりは、ツイッターのＤＭを通じて偶然に始まったものかもしれないが、その影響は計り知れない。ローレンは、ケイト・エヴァンスとレイチェル・ジェプセンを紹介してくれただけでなく、制作期間中、執筆のアドバイスをしてくれた。これはこの本の軌跡を大きく形作った、不思議な巡り合わせがもたらしたつながりだった。

執筆のコーチを担当してくれたアズール・テロネス。あなたの言葉はプロジェクトの初期段階における僕の命綱だった。「ボトルの中からラベルは読めない」といった名言は、自分の能力を過小評価しがちな、いわゆる「インポスター症候群」を感じていたその頃の僕が、自信を取り戻し、書くことの道のりを受け入れるのに役立った。あなたからは、「誰かに何かを教えるのに、達人である必要はない。ガイドであればいい」という素晴らしいアドバイスももらった（最終的に、このアイデアは本書でも使わせてもらった）。

デイビッド・モルダワーが企画段階で示してくれた厳しい愛は、まさにこのプロジェクトに必要なものだった。当初の企画を一からやり直したことで、僕はこの本の核となるメッセージを明確にすることができた。友人でライター仲間のハサン・クバが何度かのブレインストーミングで述べてくれた貴重な意見は、本書をさらに読みやすいものにするのに役立った。本書のためにポップなイラストを描いてくれた優れたイラストレーター、ステファン・クンツの芸術的なタッチは、本書のビジュアルにふさわしい繊細さを与えてくれた。

この冒険を支えてくれた縁の下の力持ちたち、コーナーストーンとセラドン両社の疲れ知らずのチームにも深く感謝したい。まず、コーナーストーンのメンバーに心から感謝する。アリス・デューイング、エティ・イーストウッド、サラ・リドリー、マルガリータ・スンツェワ、アヌースカ・レヴィ、ローズ・ワディラブ、エビアン・エガル、そして舞台裏で働いてくれた全員に。同様に、セラドンのメンバーにも心からの感謝を。デブ・ファッター、レイチェル・チョウ、ジェニファー・ジャクソン、ジェイミー・ノーヴェン、アンナ・ベル・ヒンデンラング、クリスティン・ミキティシン、ライザ・ビュエル、フェイス・トムリン、エリン・ケーヒル、アン・トゥーミー、レベッカ・リッチー。皆さんのたゆまぬ努力のおかげで、本書を完成させることができた。最後に、素晴らしい表紙を提供してくれたハリー・ヘイドンにも感謝する。

ロンドンのIDオーディオの優秀なオーディオ・プロデューサー、アレックス・レイメントとレスリー・ウッドにも感謝を。おかげで洗練され、ユーモアのあるオーディオブックを制作できた。

この本を書くことを通じて、僕は出版界が素敵で健全なコミュニティであり、『フィールグッド・プロダクティビティ』がこの業界に関わる様々な人たちから多大な恩恵を受けていることに気づいた。マシュー・ディックス、デレク・シヴァーズ、ライアン・ホリデー、カル・ニューポート、ジェームズ・クリアー、マーク・マンソン、ジュリー・スミス、ティアゴ・フォルテ、ノア・ケイガン、ジョン・ゼラツキー、ローレンス・ヨー、チャーリー・ハウパー、ニコラス・コール、スコット・ヤング、ニール・エヤル、アンヌ＝ロール・ル・カンフ、パット・フリン、ケ・ハイ、オーガスト・ブラッドリーといった作家仲間やクリエイター、起業家、そして素晴らしく友好的な人たちへの特別な感謝を。本の概要や、草稿のレビュー、マーケティング戦略、Zoomコール、あるいは昔ながらの励ましなど、あなたたちが与えてくれた知恵は、僕にとってかけがえのないものだった。僕に可能性を見出し、多忙を極めるスケジュールの中で時間を割いてくれたことに感謝する。

そしてもちろん、僕のチームに感謝を。読者や視聴者、リスナーが自分の充実した人生を築くのに役立つ、刺激的で教育的なコンテンツを制作するために、日々僕と一緒に働いている人たちだ。

まずは、僕のゼネラルマネージャーであり、ビジネスを軌道に乗せるうえで頼もしい仕事をしてくれているアンガス・パーカーに。アンガス、君は僕が缶詰めになって参考文献を読んだり文章を書いたりしているあいだに、ビジネスを切り盛りしてくれた。君が日々の業務をしっかりと管理してくれていなければ、僕はこのプロジェクトにフルコミットできなかった。

様々な側面でアシスタントを務めてくれたバヴ・シャルマとダン・アンダートンは、混沌とした僕の私生活と仕事に秩序をもたらしてくれた。おかげで、このジャグリングのような曲芸がはるかに簡単になった。

献身的なチームのみんなに心から感謝を。ティンティン、ベッキー、アンバー、ガレス、ヤクブ、アリソン、アディ、サフ、そして外部の素晴らしいフリーランサーたち。あなたたちの頑張りと創意工夫がなければ、僕たちはこんなに大きなインパクトのある仕事は成し遂げられなかった。初期段階で貴重な意見を述べてくれたカルム・ウォーズリー、ポール・ターン、シーン・グリブ、アーメド・ザディ、パブロ・シムコ、エリザベス・フィリプス、コリー・ウィルクスにも深謝する。

イジー・シーリーは、この旅の大半を通して僕の心の拠り所になってくれた。執筆に苦しむ僕に何度も励ましの言葉をかけてくれ、いつでも精神的な支えになってくれた。書くのが難しかった章では、ブレインストーミングの相手になってくれた。理性的な考えと、やる気を促す言葉で、僕の背中を押し続けてくれた。

弟のタイムール・アブダールと義妹のルシア・コールターは、特に一緒に暮らしていた最後の1年間は、僕の混沌とした生活ぶりや怒涛のようなエネルギーに耐えてくれた。君たちの忍耐は家族としての義務以上のものだった。本書の完成に近づくなかで、それは僕にとって命を救ってくれるほどありがたいものだった。

そしてもちろん、家族の愛とサポートがなければ、本書は書けなかった。祖母のナニは僕に英語を教え、学ぶことへの情熱を吹き込んでくれた。あなたのインスピレーション、愛、無限の励ましは、僕の人生の多くを支える柱だ。

最後に、シングルマザーとしてタイムールと僕を育ててくれた母のミミに特別な感謝を。彼女は2人の子どもに良い教育を受けさせるために、自分の人生を大きく変えるような決断を何度もしてくれた。僕がしているすべてのことの底流には、あなたが自分を犠牲にして懸命に働き、与えてくれた限りない愛がある。

訳者あとがき

本書は、２０２３年12月に刊行され、たちまち世界的なベストセラーとなった『Feel-Good Productivity: How to Do More of What Matters to You』の待望の邦訳である。

著者のアリ・アブダール（Ali Abdaal）は１９９４年生まれ。イギリスの名門ケンブリッジ大学で医学を学び、同国の国民保険サービス（ＮＨＳ）で医師として働く傍ら、「生産性オタク」として生産性や勉強法に関する科学的データを収集してきた。現在は医療の道を離れ、生産性に関する情報発信に専念して精力的に活動している。親しみやすく軽妙な語り口で、あっと驚くようなライフハックを紹介する彼のＹｏｕＴｕｂｅチャンネル『Ali Abdaal』は、２０２４年10月の本稿執筆時点で登録者５９０万人（サブチャンネルも合わせると６５０万人以上）と絶大な人気を誇っている。彼は現在、「生産性」と聞いて世界中の人たちがまっさきに頭に浮かべる存在だ。

生産性という言葉から、効率や成果を重視し、ひたすら目の前の作業に集中することをイメージする人もいるかもしれない。だが著者は本書で、「こうしたアプローチは長続きしないし、楽しくもなく、幸せになれない」とはっきりと主張する。医師として忙しい日々を過ごす中で、ただがむしゃらに頑張るだけでは絶え間ない不安や不眠から逃れられないことを直に経験した彼は、膨大な研究結果に基づき、健全な生産性を実現するカギは、「良い気分（フィールグッド）」を味わいながら何かに取り組むことだという結論を導く。

著者が自らを実験台にし、長年探求してきた生産性に関するその研究の成果をあますところなく読者に伝えてくれる本書には、今すぐに試したくなるような「フィールグッド」な生産性向上ツールが満載だ。しかも、単に気分を高めてやる気を起こす方法が書かれているのではなく、壁にぶつかったときや、停滞感を覚えたときなどに、それを乗り越えるための方法も詳しく記されている。

また著者は、様々な生産性アップの実践的方法を提示するだけでなく、大切なのは「生産性の科学者」になったつもりで考えることだと説いている。自分に合った方法は、自分自身で試してみなければ見つけられない。本書が示す「実験的」な考え方を身につければ、私たちは日々の生活の中で、気分を高め、幸せな気分を味わいながら生産性を高める方法を、自分自身で編み出していけるようにもなるのである。

私たち現代人は、常に大量の「やるべきこと」に追われている。本書が、読者のみなさんが楽しくハッピーな気持ちで物事を進め、豊かで充実した人生を送る一助になることを願っている。

翻訳に際しては、東洋館出版社書籍編集部の畑中潤氏に厚いサポートをいただいた。いつも訳者に気分よく仕事をさせてくれる氏に心よりお礼申し上げる。

児島修

97. Miyake, A., Kost-Smith, L. E., Finkelstein, N. D., Pollock, S. J., Cohen, G. L. and Ito, T. A. (2010). Reducing the gender achievement gap in college sci ence: a classroom study of values affirmation. *Science, 330* (6008), 1234–1237.
98. Sutton, A. (2020). Living the good life: a meta-analysis of authenticity, well-being and engagement. *Personality and Individual Differences, 153,* 109645.
99. この研究の詳細。https://www.entrepreneur.com/growing-a-business/the-science-behind-baby-steps-how-to-tackle-goals-big-and/245767

Occupational and Organizational Psychology, 87(3), 579–598.
86. Ulrich, R. S. (1984). View through a window may influence recovery from surgery. *Science, 224* (4647), 420–421.
87. Lee, K. E., Williams, K. J. H., Sargent, L. D., Williams, N. S. G. and Johnson, K. A. (2015). 40-second green roof views sustain attention: the role of micro-breaks in attention restoration. *Journal of Environmental Psychology, 42*, 182–189.
88. Sona, B., Dietl, E. and Steidle, A. (2019). Recovery in sensory-enriched break environments: integrating vision, sound and scent into simulated indoor and outdoor environments. *Ergonomics, 62*(4), 521–536.
89. Johansson, M., Hartig, T. and Staats, H. (2011). Psychological benefits of walking: moderation by company and outdoor environment. *Applied Psychology: Health and Well-Being, 3*(3), 261–280.
90. DMN（デフォルト・モード・ネットワーク）についての先駆的研究については、以下を参照。Raichle, M. E., MacLeod, A. M., Snyder, A. Z., Powers, W. J., Gusnard, D. A. and Shulman, G. L. (2001). A default mode of brain function. *Proceedings of the National Academy of Sciences, 98*(2), 676–682.

第９章

91. Sheldon, K. M. (2020). Going the distance on the Pacific Crest Trail: the vital role of identified motivation. *Motivation Science, 6*(2), 177–181.
92. Sheldon, K. M., Osin, E. N., Gordeeva, T. O., Suchkov, D. D. and Sychev, O. A. (2017). Evaluating the dimensionality of self-determination theory's relative autonomy continuum. *Personality and Social Psychology Bulletin, 43*(9), 1215–1238.
93. Lykins, E. L. B., Segerstrom, S. C., Averill, A. J., Evans, D. R. and Kemeny, M. E. (2007). Goal shifts following reminders of mortality: reconciling posttraumatic growth and terror management theory. *Personality and Social Psychology Bulletin, 33*(8), 1088–1099.
94. このエピソードは、以下のリー・ペンの素晴らしい物語に基づいている。medium.com/inspired-writer/the-most-powerful-writing-exercise-i-did-at-stanford-c59ba6a6fa93
95. このコースの詳細。https://law.stanford.edu/nl-course/lives-of-consequence-how-individuals-create-happy-meaningful-and-successful-lives/
96. Burnett, B. and Evans, D. (Vintage Digital, 2016). *Designing Your Life: How to Build a Well-Lived, Joyful Life.*

74. Wohl, M. J. A., Pychyl, T. A. and Bennett, S. H. (2010). I forgive myself, now I can study: how self-forgiveness for procrastinating can reduce future procrastination. *Personality and Individual Differences, 48*(7), 803–808.

第7章

75. 以下を参照。www.who.int/news/item/28-05-2019-burn-out-an-occupational-phenomenon-international-classification-of-diseases
76. スティーブ・ジョブズのスピーチ動画：https://www.youtube.com/watch?v=H8eP99neOVs&ab_channel=Erin%27Folletto%27Casali
77. デレク・シヴァーズの書籍についての詳細は以下を参照。https://sive.rs/〔邦題『エニシング・ユー・ウォント：すぐれたビジネスはシンプルに表せる』デレク・シヴァーズ著、児島修訳、東洋経済新報社〕
78. Funt, J. (Harper Business, 2021). *A Minute to Think: Reclaim Creativity, Conquer Busyness, and Do Your Best Work.*
79. Adler, R. F. and Benbunan-Fich, R. (2012). Juggling on a high wire: multitasking effects on performance. *International Journal of Human-Computer Studies, 70*(2), 156–168.
80. Lengel, D. (March 31 2018). I've decided to reclaim my life–by using an old Nokia phone. *Guardian*. Available online: www.theguardian.com/lifeandstyle/2018/mar/31/nokia-3310-t9-phone-smartphone-iphone-reclaim-life
81. ネイトの「少し失敗すると、全部がどうでもよくなる現象」について詳しくは以下を参照。https://mindingourway.com/failing-with-abandon/
82. Tyler, J. M. and Burns, K. C. (2008). After depletion: the replenishment of the self's regulatory resources. *Self and Identity, 7*(3), 305–321.
83. 「自己制御」とは、人が目標達成のために思考や感情、行動を管理するプロセスを指す。これには衝動の制御、満足感の遅延、感情的反応の管理、タスクへの集中力の維持などの幅広いスキルが含まれる。詳しくは以下を参照。https://positivepsychology.com/self-regulation/

第8章

84. *OED* による声明は以下のサイトに記載されている（関連の報告書もダウンロードできる）。languages.oup.com/word-of-the-year/2020/
85. Eschleman, K. J., Madsen, J., Alarcon, G. and Barelka, A. (2014). Benefiting from creative activity: the positive relationships between creative activity, recovery experiences, and performance-related outcomes. *Journal of*

appraisal: goals, tactics, and outcomes. *Emotion, 12*(2), 250–255.
64. 以下を参照。www.mirror.co.uk/3am/celebrity-news/beyonc-create-alter-ego-sasha-27894824
65. 以下を参照。adele.fandom.com/wiki/Sasha_Carter
66. スポットライト効果は、社会心理学者のトーマス・ギロビッチ、ビクトリア・ハステッド・メドベック、ケネス・サヴィツキーによって提唱された。彼らは1990年代後半から2000年代前半にかけて、人が自分の行動や外見がどの程度他人に注目され、評価されていると考えているかを調べる実験を実施した。ある実験では、被験者に目立つTシャツや恥ずかしいTシャツを着るよう依頼し、グループ内の何人がそのTシャツに気づいたかを推定させた。その結果は、被験者はTシャツに気づいた人の数を実際以上に多く見積もっていることがわかった。Gilovich, T., Medvec, V. H. and Savitsky, K. (2000). The spotlight effect in social judgment: an egocentric bias in esti mates of the salience of one's own actions and appearance. *Journal of Per sonality and Social Psychology, 78*(2), 211–222 を参照。
67. White, R. E., Prager, E. O., Schaefer, C., Kross, E., Duckworth, A. L. and Carlson, S. M. (2017). The 'Batman Effect': improving perseverance in young children. *Child Development, 88* (5), 1563–1571.

第6章
68. Huitink, M., Poelman, M. P., van den Eynde, E., Seidell, J. C. and Dijkstra, S. C. (2020). Social norm nudges in shopping trolleys to promote vegetable purchases: a quasi-experimental study in a supermarket in a deprived ur ban area in the Netherlands. *Appetite, 151,* 104655.
69. Check out the transcript of Matt Mochary's interview with Tim Ferriss here: tim.blog/2023/03/03/matt-mochary-transcript/
70. 僕は2022年に自分のポッドキャスト番組『*Deep Dive*』でピチル博士にインタビューした。インタビューの内容は以下で確認できる。aliabdaal.com/podcast/tim-pychyl/
71. ブランドンの著作リストについては以下を参照。 en.wikipedia.org/wiki/Brandon_Sanderson_bibliography
72. Brandon Sanderson talks about his writing goals here: faq. brandonsanderson.com/knowledge-base/what-is-your-daily-wordcount-time-goal/
73. Harkin, B., Webb, T. L., Chang, B. P. I., Prestwich, A., Conner, M., Kellar, I., Benn, Y. and Sheeran, P. (2016). Does monitoring goal progress promote goal attainment? A meta-analysis of the experimental evidence. *Psychological Bulletin, 142*(2), 198–229.

ance%20of%20uncertainty%20involves%20the,about%20what%20will%20happen%20next
50. Grupe, D. W. and Nitschke, J. B. (2013). Uncertainty and anticipation in anxiety: an integrated neurobiological and psychological perspective. *Nature Reviews Neuroscience, 14*, 488–501.
51. 「訓令戦術」(Auftragstaktik) についての詳細は、以下を参照。smallwarsjournal.com/jrnl/art/how-germans-defined-auftragstaktik-what-mission-command-and-not
52. Storlie, C. (3 November 2010). Manage uncertainty with commander's intent. *Harvard Business Review.*
53. Höpfner, J. and Keith, N. (2021). Goal missed, self hit: goal-setting, goal-failure, and their affective, motivational, and behavioral consequences. *Frontiers in Psychology, 12*, 704970.
54. Ordóñez, L. D., Schweitzer, M. E., Galinsky, A. D. and Bazerman, M. H. (2009). Goals gone wild: the systematic side effects of over-prescribing goal setting. *Academy of Management Perspectives, 23*(1), 6–16.
55. Klein, G. (2007). Performing a project premortem. *Harvard Business Review, 85*(9), 18–19.
56. Burkeman, O. (Vintage, 2022). *Four Thousand Weeks.*
57. Robinson, S. A., Bisson, A. N., Hughes, M. L., Ebert, J. and Lachman, M. E. (2019). Time for change: using implementation intentions to promote physical activity in a randomised pilot trial. *Psychology & Health, 34*(2), 232–254.
58. Gollwitzer, P. M. and Sheeran, P. (2006). Implementation intentions and goal achievement: a meta-analysis of effects and processes. *Advances in Experimental Social Psychology, 38*, 69–119.

第５章

59. Kircanski, K., Lieberman, M. D. and Craske, M. G. (2012). Feelings into words: contributions of language to exposure therapy. *Psychological Science, 23*(10), 1086–1091.
60. ラベリング理論の詳細については以下を参照。https://www.simplypsychology.org/labeling-theory.html
61. LA タイムズ紙に記載されたピーター・デレオについての記事を参照。https://www.latimes.com/archives/la-xpm-1994-12-10-me-7204-story.html
62. 以下を参照。www.bps.org.uk/psychologist/survival-psychology-wont-live
63. McRae, K., Ciesielski, B. and Gross, J. J. (2012). Unpacking cognitive re

nizations? *MIT Sloan Management Review, 44*(4), 51–56.
37. Carr, P. B. and Walton, G. M. (2014). Cues of working together fuel in trinsic motivation. *Journal of Experimental Social Psychology, 53*, 169–184.
38. Good, A., Choma, B. and Russo, F. A. (2017). Movement synchrony influ ences intergroup relations in a minimal groups paradigm. *Basic and Ap plied Social Psychology, 39*(4), 231–238.
39. Luks, A. and Payne, P. (iUniverse, 2001). *The Healing Power of Doing Good.*
40. 以下を参照。https://www.ushistory.org/franklin/autobiography/page48.htm
41. Flynn, F. J. and Lake, V. K. B. (2008). If you need help, just ask: under estimating compliance with direct requests for help. *Journal of Personality and Social Psychology, 95*(1), 128–143.
42. Roghanizad, M. M. and Bohns, V. K. (2017). Ask in person: you're less persuasive than you think over email. *Journal of Experimental Social Psy chology, 69*, 223–226.
43. Gable, S. L. and Reis, H. T. (2010). Good news! Capitalizing on positive events in an interpersonal context. *Advances in Experimental Social Psy chology, 42*, 195–257.
44. Gable, S. L., Gonzaga, G. C. and Strachman, A. (2006). Will you be there for me when things go right? Supportive responses to positive event dis closures. *Journal of Personality and Social Psychology, 91*(5), 904–917.
45. Feldman, R. S., Forrest, J. A. and Happ, B. R. (2002). Self-presentation and verbal deception: do self-presenters lie more? *Basic and Applied Social Psychology, 24*(2), 163–170.
46. Scott, K. (St. Martin's Press, 2019). *Radical Candor: Be a Kick-Ass Boss Without Losing Your Humanity.*

第４章

47. 以下の動画を参照。www.youtube.com/watch?v=lsSC2vx7zFQ&t=14s&ab_channel=MattHowell
48. Blaschka, A. (9 November 2022). You're not lazy; you're scared: how to finally stop procrastinating. *Forbes*. Avail-able online: https://www.forbes.com/sites/amyblaschka/2021/04/03/youre-not-lazy-youre-scared-how-to-finally-stop-procrastinating/?sh=2753ed526dab
49. 「不確実性への不耐性尺度」についての詳細は、以下を参照。www.psychologytools.com/resource/intolerance-of-uncertainty/#:~:text=Intoler

26. Blanchfield, A. W., Hardy, J., De Morree, H. M., Staiano, W. and Marcora, S. M. (2014). Talking yourself out of exhaustion: the effects of self-talk on en durance performance. *Medicine & Science in Sports & Exercise, 46*(5), 998–1007.
27. Harrison, M. B. and McGuire, F. A. (2008). An investigation of the influ ence of vicarious experience on perceived self-efficacy. *American Journal of Recreation Therapy, 7*(1), 10–16.
28. Bandura, A., Adams, N. E. and Beyer, J. (1977). Cognitive processes me diating behavioral change. *Journal of Personality and Social Psychology, 35* (3), 25–139.
29. Chase, C. C., Chin, D. B., Oppezzo, M. A. and Schwartz, D. L. (2009). Teachable agents and the protégé effect: increasing the effort towards learning. *Journal of Science Education and Technology, 18*, 334–352.
30. プロテジェ効果は、「教えることを通して学ぶ」としても知られている。1980年代にジャン＝ポール・マーティンによって提唱された。Stollhans, S. Learning by teaching: developing transferable skills in Corradini, E., Borth wick, K and Gallagher-Brett, A. (eds) (Research-publishing.net, 2016). *Em ployability for Languages*, 161–164を参照。
31. Kristensen, P. and Bjerkedal, T. (2007). Explaining the relation between birth order and intelligence. *Science, 316* (5832), 1717.
32. 自己決定理論は、人間の動機に関する広範な理論である。心理学者のエドワード・デシとリチャード・ライアンによる以下の独創的な仕事によって開発された。*Intrinsic Motivation and Self-Determination in Human Behavior*, published in 1985.
33. Leah Stephens (8 June 2016). Reddit user claims he automated his job for 6 years, finally is fired, forgets how to code. *Interesting Engineering*. Available online: http://interestingengineering.com/culture/programmer-automates-job-6-years-boss-fires-finds
34. Nanakdewa, K., Madan, S., Savani, K. and Markus, H. R. (2021). The sa lience of choice fuels independence: implications for self-perception, cogni tion, and behavior. *Proceedings of the National Academy of Sciences, 118* (30), e2021727118.

第３章

35. 以下を参照。https://oxford-review.com/oxford-review-encyclopaedia-terms/relational-energy-what-it-is-and-why-it-matters-to-organisations/
36. Cross, R., Baker, W. and Parker A. (2003). What creates energy in orga

12. 以下を参照。www.nifplay.org/what-is-play/play-personalities/
13. Gruber, M. J., Gelman, B. D. and Ranganath, C. (2014). States of curiosity modulate hippocampus-dependent learning via the dopaminergic circuit. *Neuron, 84*(2), 486–496.
14. Isaacson, W. (2017). *Leonardo da Vinci.*〔邦題『レオナルド・ダ・ヴィンチ』ウォルター・アイザックソン著、土方奈美訳、文藝春秋〕p.29
15. Zaborney, M. (20 April 2017). Jaak Panksepp: 1943–2017. *The Blade*. Available online: https://www.toledoblade.com/Deaths/2017/04/20/Jaak-Panksepp-1943-2017-BGSU-researcher-recognized-for-work-with-emotions-brain.html
16. 以下を参照。https://www.health.harvard.edu/mind-and-mood/dopamine-the-pathway-to-pleasure#:~:text=Dopamine%20can%20provide%20an%20intense,or%20a%20%22dopamine%20rush.%22
17. Klein, Z. A., Padow, V. A. and Romeo, R. D. (2010). The effects of stress on play and home cage behaviors in adolescent male rats. *Developmental Psychobiology, 52*(1), 62–70.
18. Tegano, D. W., Sawyers, J. K. and Moran, J. D. (1989). Problem-finding and solving in play: the teacher's role. *Childhood Education, 66*(2), 92–97.
19. Mukerjee, J. and Metiu, A. (2021). Play and psychological safety: an ethnography of innovative work. *Journal of Product Innovation Management, 39*(3), 394–418.
20. マーク・ローバーの素晴らしいTEDトーク『The Super Mario Effect』を以下で参照できる。https://www.youtube.com/watch?v=mCLJBTz9I6U

第2章

21. Hastings, R. and Meyer, E. (Penguin, 2020). *No Rules Rules: Netflix and the Culture of Reinvention* and Randolph, M. (Endeavour, 2019). *That Will Never Work: The Birth of Netflix and the Amazing Life of an Idea.*
22. McCord, P. (2018). *Powerful: Building a Culture of Freedom and Responsibility.*
23. Hu, L., Motl, R. W., McAuley, E. and Konopack, J. F. (2007). Effects of self-efficacy on physical activity enjoyment in college-aged women. *International Journal of Behavioral Medicine, 14*(2), 92–96.
24. Bandura, A. (1978). Self-efficacy: toward a unifying theory of behavioral change. *Advances in Behavior Research and Therapy, 1*(4), 139–161.
25. Stajkovic, A. D. and Luthans, F. (1998). Self-efficacy and work-related performance: a meta-analysis. *Psychological Bulletin, 124*(2), 240–261.

原注

はじめに

1. Isen, A. M., Daubman, K. A. and Nowicki, G. P. (1987). Positive affect facilitates creative problem solving. *Journal of Personality and Social Psychology, 52*(6), 1122–1131.
2. たとえば、以下を参照。Fredrickson, B. L. and Branigan, C. (2005). Positive emotions broaden the scope of attention and thought-action repertoires. *Cognition & Emotion, 19*(3), 313–332.
3. 4つの快感ホルモンについては以下のブログ記事を参照。Sethi, C. and Anchal, S. (2021). Happy chemicals and how to hack them. https://classicfitnessgroup.com/blog/happy-chemicals-and-how-to-hack-them
4. シェリー・テイラーによるこの研究は、ネガティブな感情の生物学的な影響を示した初期の研究の一つである。Taylor, S. E. (1991). Asymmetrical effects of positive and negative events: the mobilization-minimization hypothesis. *Psychological Bulletin, 110*(1), 67–85.
5. Lyubomirsky, S., King, L. and Diener, E. (2005). The benefits of frequent positive affect: does happiness lead to success? *Psychological Bulletin, 131*(6), 803–855.

第1章

6. Feynman, R. P. (Vintage, 1992). *Surely You're Joking, Mr Feynman! Adventures of a Curious Character.*〔邦題『ご冗談でしょう、ファインマンさん』R. P. ファインマン著、大貫昌子訳、岩波現代文庫〕
7. Maurois, A. (Jonathan Cape, 1959). *The Life of Sir Alexander Fleming.*
8. Andre Geim and Konstantin Novoselov, quoted in Bateson, P. and Martin, P. (Cambridge University Press, 2013). *Play, Playfulness, Creativity and Innovation.*
9. Petelczyc, C. A., Capezio, A., Wang, L., Restubog, S. L. D., and Aquino, K. (2018). Play at Work: An Integrative Review and Agenda for Future Research. *Journal of Management, 44*(1), 161–190.
10. Heller, A. S., Shi, T. C., Ezie, C. E. C., Reneau, T. R., Baez, L. M., Gibbons, C. J. and Hartley, C. A. (2020). Association between real-world experiential diversity and positive affect relates to hippocampal–striatal functional connectivity. *Nature Neuroscience, 23*(7), 800–804.
11. Brown, S. L. (Penguin, 2009). *Play: How it Shapes the Brain, Opens the Imagination, and Invigorates the Soul.*

Feel-Good Productivity
How to Do More of What Matters to You
by Ali Abdaal

First published by Cornerstone Press.
Japanese translation rights arranged with
Penguin Random House group of companies through Tuttle-Mori Agency, Inc., Tokyo

著者

アリ・アブダール　Ali Abdaal

医師、起業家、アマチュアマジシャン、世界一フォロワーの多い生産性の専門家。

ビジネスとの両立で忙しい日々を過ごしていたケンブリッジ大学での医学生時代に「生産性の科学」に目覚める。イギリス国民保健サービス（NHS）で医師として働きながら、健康的で、幸福で、生産的な生活を送るための方法についてYouTubeで情報発信を開始。数年後、エビデンスに基づいた彼の動画やポッドキャスト、記事は、世界中の数億の人々から支持されるようになった。

2021年、医師の仕事から離れ、人生を豊かにするための科学的な方法を世に広めるという仕事に専念。本書では、過去10年にわたって自らが探求してきた「気分を良くして生産性を上げる方法」を、余すところなく紹介する。

訳者

児島 修　Osamu Kojima

英日翻訳者。訳書に『ダン・カーター 自伝』『ペドロ・マルティネス自伝』『ジェンソン・バトン自伝 ライフ・トゥ・ザ・リミット』『LEADERSHIP』（以上、東洋館出版社）、『サイコロジー・オブ・マネー 一生お金に困らない「富」のマインドセット』『DIE WITH ZERO 人生が豊かになりすぎる究極のルール』（以上、ダイヤモンド社）など。

feel good

快適な努力で最高の成果を上げる方法

2024(令和6)年12月24日　初版第1刷発行

著　者　アリ・アブダール
訳　者　児島 修
発行者　錦織 圭之介
発行所　株式会社 東洋館出版社
〒101-0054　東京都千代田区神田錦町2丁目9番1号
コンフォール安田ビル2階
（代表）　TEL 03-6778-4343／FAX 03-5281-8091
（営業部）　TEL 03-6778-7278／FAX 03-5281-8092
振替　00180-7-96823
URL　https://toyokanbooks.com/

装幀　水戸部功
印刷・製本　藤原印刷株式会社
ISBN978-4-491-05673-9／Printed in Japan